꿈을 이루는
# 목표

**10대를 위한 심리학자의 인성교육 ❸**

## 꿈을 이루는 목표

**초판 2쇄 발행**  2020년 7월 15일

**지은이**  이민규
**그린이**  한주미

**펴낸이**  김찬희
**펴낸곳**  끌리는책

**출판등록**  신고번호 제 25100-2011-000073호
**주소**  서울시 구로구 디지털로 31길 에이스테크노타워 5차 1005호
**전화**  (02) 335-6936 편집부 (02) 2060-5821
**팩스**  (02) 335-0550
**이메일**  happybookpub@gmail.com
**페이스북**  facebook.com/happybookpub  **블로그**  blog.naver.com/happybookpub
**포스트**  post.naver.com/happybookpub  **스토어**  smartstore.naver.com/happybookpub

ISBN 979-11-87059-29-5  73190
      979-11-87059-32-5      세트
값 10,000원

- 잘못된 책은 구입하신 서점에서 교환해드립니다.

- 이 책 내용의 일부 또는 전부를 재사용하려면 반드시 사전에 저작권자와 출판권자에게 서면에 의한 동의를 얻어야 합니다.

- 이 도서의 국립중앙도서관 출판예정도서목록(CIP)은 서지정보유통지원시스템 홈페이지(http://seoji.nl.go.kr)와 국가자료공동목록시스템(http://www.nl.go.kr/kolisnet)에서 이용하실 수 있습니다. (CIP제어번호: CIP2017031649)

\* 123RF, 봉숭아틴트, 리틀베어, 챠오츄르, 꼬마나비
  폰트 저작권자 오픈애즈(OPENAS.COM)

# 꿈을 이루는 목표

**10대를 위한 심리학자의 인성교육 ❸**

심리학 박사
**이민규** 지음 | **한주미** 그림

끌리는책

**머리말**

## 꿈꾸는 사람이 꿈을 이룬다

세계적인 탐험가 존 고다드는 어렸을 때부터 작은 일이라도 목표를 정해서 실천하는 습관이 있었어. 예를 들면 1분에 타자 50타 치기, 물속에서 2분 30초 동안 숨 쉬지 않기, 방울뱀 독 짜기……. 15세가 된 어느 날 나중에 반드시 이루고 싶은 꿈 목록 127개를 글로 적었어. 그 목록에는 범선을 타고 남태평양 항해하기, 에베레스트 등정, 세계일주 등이 있었어. 50살이 되던 해에 우주비행사가 되어 달에 다녀왔는데 바로 꿈 목록의 127번째 목표였다고 해.

활터에 과녁이 없다면? 명중은 불가능해. 축구장에 골대가 없다면? 골인도 불가능하지. 재미있는 사실은 목표가 영어로 'goal'이라는 거야. 축구의 골과 같은 의미지. 사람이 살면서 목표를 정해야 하는 건 명중을 위해 과녁이 있어야 하고, 골인을 위해 골대가 있어야 하는 이치와 같아.

이 책은 목표를 정하고 꿈을 이루는 방법에 관한 내용을 소개하고 있어. 목표를 너무 거창하게 생각하지 말자. 방 청소를 할 때도 '10분 안에 방 청소를 끝내겠다', '오늘은 꼭 ○○은 하겠다'처럼 작은 목표를 정하고 달성하다 보면 나중에는 큰 꿈도 이룰 수 있어. 작은 성공은 큰 성공을 부르거든. 우리가 꿈을 이루면 그것은 또 누군가의 꿈이 돼. 여러분 모두 목표를 정해 꿈을 이루고, 다른 사람이 꿈을 이루도록 도와주는 신사와 숙녀로 성장하기를 바라!

여러분의 꿈을 응원하는
이민규

머리말_ 꿈꾸는 사람이 꿈을 이룬다　4

## 1 목표가 필요한 이유

목표란 무엇일까　10

목표를 정하는 방법　24

공부는 왜 해야 하지?　38

실패를 두려워하지 말자　52

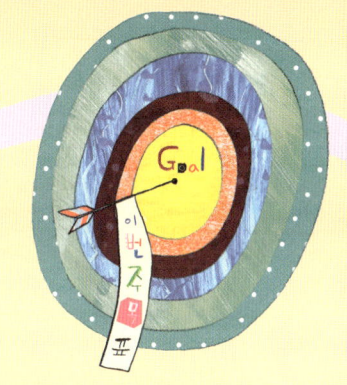

## ② 내 인생의 목표

나는 어떤 사람이지?   70

해야 할 이유를 찾자   82

소중한 일을 먼저 하자   94

## ③ 목표를 향하여

목표에서 눈을 떼지 말자   108

미래로 가서 현재를 선택하자   120

인생 지도를 그리자   132

# 옥표가 필요한 이유

# 목표란 무엇일까

나폴레온 힐은 여러 분야에서 성공한 사람들을 조사해서
그들이 갖고 있는 공통점을 찾아냈다.
성공한 사람들은 하나같이
확고한 목표와 목표에 대한 집요함이 있었다.
이 점은 그들이 갖고 있는 천재성이나
그 외의 어떤 특성보다 중요하게 작용했다.

목표가 없으면 성공은 불가능하다.
꿈꾸지 않으면 결코 꿈을 이룰 수 없다.

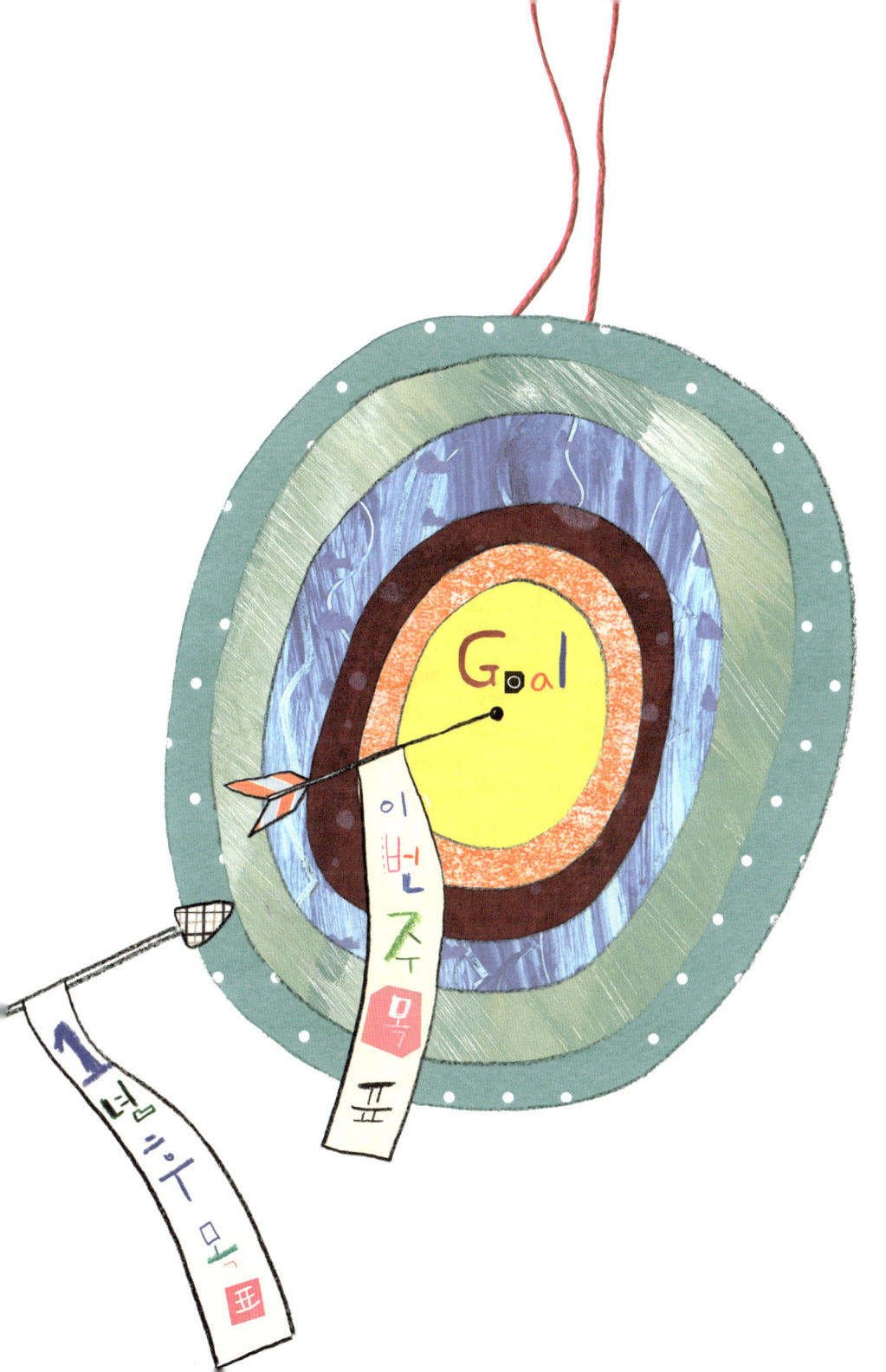

## 목표를 적어 두었을 때 나타나는 효과

1953년, 미국의 예일 대학교에서
〈목표를 적어 두었을 때 나타나는 효과〉에 관한
연구를 수행했다.
당시 졸업생들은 20년 후 목표에 대해
상세한 보고서를 써내라는 과제를 받았다.
과제 제출이 의무는 아니었기에
이 과제를 열심히 수행한 학생은 3%에 불과했다.
그리고 20년이 지난 1973년에 연구원들은

1953년 졸업생들이 어떻게 살고 있는지
추적 조사했는데,
이 과제를 성실히 수행했던 3%의 졸업생이
나머지 97%의 졸업생보다
경제적으로 풍요로운 생활을
하고 있는 것으로 나타났다.

하버드 대학교의 연구 결과도 이와 비슷했다.
80%의 학생들은 특별한 목표가 없었고,
15%는 단지 마음속으로만 목표를 가지고 있었으며,
나머지 5%는 글로 적은
뚜렷한 목표를 가지고 있었다.
시간이 흘러 5%에 속한 학생들이
이룬 성과를 보았더니
그들 스스로 정한 목표를
훨씬 넘어선 것으로 나타났다.
예일 대학교와 하버드 대학교의 실험 결과는
학창 시절부터 목표를 설정하는 일이
얼마나 중요한지 알려주는 좋은 사례다.

**목표 설정은 빠를수록 좋다.
10분 뒤와 10년 뒤를 동시에 생각하라!**

# 10대를 위한 목표 수업 ❶

잠시 눈을 감고, 어떤 사람이 되고 싶은지, 하고 싶은 일은 무엇인지 생각해 볼까? 어떤 모습이 그려져? 되고 싶은 미래의 내 모습을 부모님이나 친구에게 설명할 수 있을까? 물론 한 번도 생각해 본 적이 없을 수도 있어. 어릴 적 꿈은 자주 바뀌기도 하고, 정말 하고 싶은 일이 무엇인지 찾기까지는 시간이 많이 걸리기도 하니까.

어른들은 종종 학창 시절부터 목표가 있는 게 좋다고 충고하곤 해. 그건 다 경험에서 나오는 말이지. 그렇다면 목표가 있는 사람과 목표가 없는 사람은 무엇이 다를까? 아직 목표가 없다고? 괜찮아. 오늘부터 진지하게 목표를 만들어 가면 되니까.

## 목표가 없는 이유

그런데 사람들은 목표 정하는 것을 두려워하는 습성이 있어. 목표가 있으면 하루하루 생활이 달라지고, 미래의 모습도 달라지는 걸 알면서도 목표를 정하지 않으려고 하지. 왜 그럴까?

**하나, 지금이 그냥 편하고 좋기 때문이다.**
예를 들면, 늦게까지 TV를 보면 다음 날 수업에 지장이 있고 건강에도 좋지 않다는 걸 이미 알고 있을 거야. 하지만 당장 스트레스도 풀리고, 친구들하고 이야기할 거리도

만들어야 하기 때문에 TV 보는 걸 포기하지 않지. '에이, 오늘만 보고 내일부터 공부하지 뭐' 하고 생각하면서 지금 당장의 편안함을 선택해. 그런 생활이 계속될 때 나타날 결과는 아예 생각하지 않고.

둘, 목표를 실천하는 게 귀찮고 부담스럽기 때문이다.

매일 아침 조깅을 하겠다는 목표를 세우는 건 어렵지 않지만, 아침잠을 포기하고 일어나 밖으로 나가는 걸 생각하면 슬그머니 목표를 접게 되는 거지.

셋, 더 재밌고 편한 것의 유혹에 휘둘리기 때문이다.

영어 단어를 하루에 한 시간씩 외운다는 목표를 세웠다고 치자. 그런데 친구와 채팅을 하거나 게임을 하다가 잠 잘 시간이 되어 버렸다면? 그럼 그냥 자게 되잖아. 즐겁고 흥미로운 일은 시간 가는 줄 모르게 하는 마력이 있어. 채팅이나 게임 같은 게 그렇지.

**넷, 실패할지도 모른다는 두려움 때문이다.**

목표를 세웠다고 항상 그 목표를 멋지게 달성하는 건 아니잖아. 공부를 잘하는 것이든, 다이어트를 실천하는 것이든, 게임을 끊는 것이든 일단 목표로 정했지만 얼마든지 실패할 가능성이 있으니까 말이야.

이렇게 목표를 쉽게 정하지 못하는 이유를 잘 생각해 보면 다음과 같은 결론에 이를 수 있어. 목표 달성은 결코 쉬운 일이 아니라는 사실이지. 목표를 달성하려면 노력을 기울여야 하고, 힘든 고비를 넘겨야 하며, 때로는 실패도 경험해야 하잖아. 게다가 목표를 정해 놓고 이루지 못하는 것만으로 좌절하거나 스트레스를 받을 수 있어. 그렇기 때문에 사람들은 아예 '목표를 갖지 않는 것'으로 위안을 삼는 거야. 자신에게 실망할까 봐 두려워서 목표를 정하는 것 자체를 피하고 거부하는 거지.

목표를 꼭 정해야 하냐고? 물론이야. 사람은 목표가 없으면 항상 제자리걸음을 걷게 되거든. 하던 대로만 하면

늘 얻던 것만 얻게 되지. 어른이 되어도 어른답지 못한 사람은 목표 없이 살았을 가능성이 높아. 그리고 목표가 없으면 우리 인생이 잘못된 방향으로 갈 수도 있어. 내가 가고 싶지 않은, 전혀 원하지 않았던 방향으로 가게 되는 것이지. 그렇기 때문에 먼저 목표를 정하는 건 우리 인생에서 정말 중요한 일이야.

## 가야 할 곳을 알아야 하는 까닭

미국의 유명한 성공학 전문가 나폴레온 힐은 여러 분야에서 성공한 사람들을 조사했어. 그리고 성공한 사람들의 공통점을 찾아냈지. 그 공통점은 바로 확고한 목표와 목표에 대한 집요함을 가지고 있다는 거야. 우리는 흔히 성공한 사람들은 천재일 거라고 짐작하잖아. 하지만 '천재나 천재가 아니냐'보다 더 중요한 차이는 '목표가 있느냐 없느냐'였어.

성공이란 반드시 돈을 많이 버는 것이나 사회적으로 유명해지는 것만은 아니야. 나는 자기가 정한 목표를 이루는 것이야말로 진정한 성공이라고 생각해. '난 커서 ○○○이 될 거야!'라는 목표를 정했다고 치자. 열심히 노력해서 그 목표를 달성했다면 그게 바로 성공 아닐까? 목표가 무엇인지 정해놓지 않으면 결코 아무것도 이룰 수 없을 거야. 그래도 잘 모르겠다고? 그럼 목표가 우리 삶에 어떤 도움을 주는지 살펴보자.

**하나, 목표는 선택에 대한 확실한 기준을 제공한다.**
우리는 하루에도 수많은 선택을 하면서 살아. 한정된 시간에 선택해야 할 일이 너무 많지. 그럴 때마다 끊임없이 고민을 해야 해. 그런데 목표는 바로 이런 순간에 우리에게 무엇을 선택해야 하는지 길잡이 역할을 해. 지금 이 행동이 우리가 원하는 것을 이루는 데 도움이 되는 활동인지 아닌지 판단할 수 있는 기준이 된다는 거야. 자신에게 필요한 일을 선택하여 시간을 낭비하지 않게 도와주지. 마음속에 '이것을 하겠다'는 정확한 목표가 있으면 '저것은 하지 않겠다'는 생각은 저절로 따라오게 되어 있어.

**둘, 목표는 역경 속에서도 쉽게 포기하지 않게 도와준다.**
정신과 의사 빅터 프랭클은 자신이 쓴 책《죽음의 수용소》에서 나치 수용소에서 끝까지 살아남은 사람들에 대해 이렇게 말했어. "그들은 가장 건강한 사람도, 가장 영양 상태가 좋은 사람도, 가장 지능이 높은 사람도 아니었다. 그들은 살아야 한다는 절실한 이유와 살아남아서 해야 할 구체적인 목표를 가진 사람들이었다. 목표가 살아야겠다는 강한 의욕과 원동력을 지속적으로 제공했기 때문이다."

**셋, 목표는 성취감을 갖게 한다.**
목표가 없으면 내가 하고자 하는 일을 끝낸 것인지, 아닌지 확인할 수 없어. 일이 언제 끝나는지 알 수 없으면 얼마나 지겹겠니. 방 청소하는 것과 같은 사소한 일도 몇 시까지 끝내겠다는 목표를 정하고 하면 훨씬 덜 지겹잖아. 목표를 달성했다는 성취감도 느낄 수 있고.

넷, 목표는 효과적인 해결 방법을 찾게 돕는다.

목표를 정하면 주변의 사물과 현상을 목표와 관련지어 새롭게 보게 돼. 목표가 없을 땐 보이지 않던 필요한 정보들이 눈에 띄면서, 새로운 아이디어가 막 떠오를 거야. 우리의 대뇌에는 흥미를 느끼는 정보에만 선택적으로 관심을 기울이게 하는 필터가 있거든. 이런 것을 심리학에서는 **'선택적 주의 현상'**이라고 해.

삶에 목표가 없는 것은 축구장에 골대가 없는 것과 같고 활터에 과녁이 없는 것과 같아. 골대와 과녁이 없으면 골인과 명중은 있을 수 없겠지? 그래서 우리에겐 명확한 목표가 필요한 거야. 끝을 생각하면 시작부터 달라진다는 사실, 잊지 말자!

 생각하고 실천하기

- "목표가 없는 인생보다는 목표가 있는 인생이 보람 있는 인생을 살 확률이 더 높다. 목표를 생각으로만 가지고 있는 것보다 글로 써 보는 것이 목표를 이룰 확률이 더 높다"는 말에 대해 생각해 보자.

- 아주 사소한 것이라도 오늘 내 목표는 무엇이었는지 적어 보자. 가능하다면 1년 후 목표, 10년 후 목표도 공책에 적어 보자.

# 목표를 정하는 방법

목표를 정하고 계획을 세우려면 스스로에게 다음과 같은 질문을 해야 한다.

- What : 진정 원하는 것은 무엇인가?

- Why : 왜 원하는가?

- Where : 현재 내가 있는 곳은 어디인가?

- When: 언제까지 목표를 달성할 것인가?

- How: 목표 달성을 위한 구체적인 방법은 무엇인가?

- Who: 누구의 도움을 받을 수 있는가?

## 막연한 꿈만 꾸면……

"젊은이들이여 야망을 가져라!"
"Boys be ambitious!"

미국의 윌리엄 클라크 박사가
패전 후 절망에 빠진 일본 젊은이들에게 해 준
참으로 멋진 말이다.
하지만 나는 원대한 야망을 품었다는 이유만으로
성공한 사람을

주변에서 한 명도 본 적이 없다.

구체적인 목표와 실천이 따르지 않으면

원대한 꿈과 희망은 신기루일 뿐이다.

꿈이 크면 성공 가능성도 클 것이라고 생각하겠지만,

막연한 꿈만 꾸면
오히려 나중에 좌절하는 원인이 될 수도 있다.

# 10대를 위한
# 목표 수업 ❷

많은 사람들이 '목표'라고 하면 뭔가 대단해야 한다고 생각하는 것 같아. 그래서 목표를 쉽게 정하지 못하거나, 거창한 목표를 정해서 이루지 못하는 경우가 많고. 우리에게 필요한 것은 크고 원대한 야망이 아니야. 작지만 실현 가능성이 높은 목표를 찾아 실천하는 것이 훨씬 중요해. 그럼 목표를 정하는 방법에 대해 배워 볼까?

## 스마트(SMART) 규칙

심리학자들은 달성 가능성이 높은 목표를 세우기 위해서는 SMART 규칙을 사용하라고 조언했어. 이 규칙은 다섯 가지 의미를 지니고 있지.

S(Specific): **구체적이고 명확해야 한다.**
애매하고 불분명한 목표는 피하라는 뜻이야. 예를 들어 '언젠가는 부자가 될 거야'라거나 '이 분야에서 최고가 될 거야'라는 식의 막연한 목표는 달성할 가능성이 매우 낮다고 볼 수 있어. '언젠가'는 구체적으로 언제인지, '얼마나' 벌어야 부자라고 할 수 있는지, 또 '최고'란 무엇인지 모르기 때문이야.

목표는 구체적이고 분명할수록 달성 가능성이 높아져. 목표가 구체적일수록 목적지에 대한 그림을 더욱 생생하게 그릴 수 있기 때문이야. 예를 들어 '나는 이번 겨울방학 동안 영어 문법책 한 권을 다 외우겠어!', '다음 달까지 용돈 5만 원을 저축해서 운동화를 살 거야!'처럼 구체적이고 명확한 목표를 세워야 해. 그러면 목표를 달성하는 게 훨씬 쉬워지지.

이제부터 구체적인 목표 영역을 설정하고 언제, 어디서, 무엇을, 어떻게, 얼마나 할 것인지를 분명하게 정해 보는 거야. '운동을 하자'라는 애매한 목표가 아니라 '30분 동안 줄넘기 천 번을 하자'라고 구체적인 목표를 세우는 거지. 그림을 그릴 때도 구체적인 물건을 앞에 놓고 그려야 더 쉽게 그릴 수 있지? 마찬가지로 목표가 구체적이면 심리적인 부담이 줄어들어서 목표를 이루기 위한 실천 계획을 곧바로 세울 수 있어. 그리고 목표가 이뤄지는 과정을 생생하게 확인할 수 있기 때문에 목표 달성이 그만큼 쉬워진다고 할 수 있지.

**M(Measurable): 오감(다섯 가지 감각)을 통해 측정 가능해야 한다.**

목표는 오감(혀, 눈, 귀, 코, 피부)을 통해 관찰할 수 있는 것일수록 좋아. 예를 들어 체중을 줄이기로 마음먹은 사람이 목표를 정한다고 치자. 이 사람이 '날씬해지는 것'을 목표로 정했다면 실패할 가능성이 높아. 왜냐하면 자신이 실천한 결과를 측정하고 판단할 수 있는 기준이 애매하기 때문이야.

'날씬해지기'라는 목표를 '1개월에 1킬로그램씩, 5개월 동안 5킬로그램을 줄이기'라는 측정 가능한 목표로 바꾸는 거야. 그럼 달성 가능성이 훨씬 높아져. 마찬가지로 '영어 실력 높이기'라는 목표보다는 '하루에 단어 열 개, 한 달 동안 300개 외우기'가 달성 가능성이 훨씬 높겠지? 이렇게 오감으로 측정할 수 있는 구체적인 목표를 세우고 노력한 후에, 수치로 다시 확인하면 목표 달성 과정을 정확하게 파악할 수 있어.

만약 몸무게를 50킬로그램으로 줄이고 싶다면 그래프를 그려서 벽에 붙여 놓는 거야. 세로에는 체중, 가로에는 한 달 동안의 날짜를 기입하고, 목표 체중에 빨간색 줄을

굵게 긋는 거야. 매일 몸무게를 확인하고 그날 체중을 파란색으로 표시해서 그래프로 그려 가는 거지. 그러면 체중의 변화를 한눈에 파악할 수 있어서 그날그날의 식사량과 운동량을 조절하기가 훨씬 쉬워질 거야.

**A(Action-oriented): 행동 중심적이어야 한다.**

목표는 생각 중심이 아니라 행동 중심이어야 해. '친절한 사람'이 되는 목표를 정한다면 달성하기가 쉽지 않아. 왜냐하면 이 목표에는 어떻게 행동하고 실천할 것인가가 없거든. 이것을 '지금껏 인사하지 않았던 이웃들에게 날마다 한 번 이상 미소 띤 얼굴로 인사하기'처럼 행동으로 옮길 수 있는 목표로 바꾸는 게 좋겠지?

만약 책을 쓰고 싶은 목표가 생겼다고 가정해 볼까? 머릿속으로만 책을 쓰고 싶다고 생각하면 글이 술술 써질까? 아니겠지? 커서 작가가 되겠다는 목표를 세웠다면 오늘 당장 그 목표를 위해 무엇을 해야 하는지 찾아보는 것이 더 중요해. 아이디어를 메모하며 문장 쓰는 연습을 할 수도 있고, 쓰고 싶은 내용에 대한 자료를 조금씩 모으는 일을 할 수도 있어. 머릿속 생각만으로는 아무것도 이룰 수 없고 반드시 행동으로 옮겨야 한다는 사실, 꼭 기억하자.

R(Realistic): **실현 가능해야 한다.**

우리가 세운 목표를 달성하려면 구체적이면서도 '실현 가능한' 작은 일부터 시작해야 해. 다이어트를 시작한 사람이 있어. 한 달 안에 10킬로그램을 빼겠다는 목표를 정했어. 가능할까? 물론 가능한 사람도 있겠지. 한 달 내내 굶다시피 하고, 하루에 몇 시간씩 강도 높은 운동을 한다면. 하지만 쉽게 가능한 일은 아니야. 우선, '오늘부터 간식을 줄인다', '치킨과 라면을 먹지 않는다', '밥 한 공기의 3분의 2만 먹는다'처럼 구체적이면서도 실현 가능한 목표를 세워 보는 것이 어떨까?

컴퓨터 게임을 끊으려고 '컴퓨터 근처에도 안 가겠다', '죽어도 게임을 하지 않겠다'고 결심하면 실패할 가능성이 높아. '오늘 하루만 게임을 하지 않겠다'처럼 작고 실현 가능한 목표를 세워야 해. 오늘 하루 게임을 하지 않았다면 내일도 '오늘 하루만' 게임을 하지 않겠다는 목표를 세우는 거지. 그러면 날마다 목표를 달성했다는 기쁨을 느끼게 되고 자신감이 생겨. 이러면 '앞으로 영원히 게임을 하지 않겠다'는 결심이 주는 부담에서 벗어날 수 있어.

**계단을 한 번에 몇 개씩 올라갈 수는 없어. 한 계단씩 올라가야 다음 층에 도착하고, 그래야 끝까지 올라갈 수 있겠지?** 물론 '계단 말고 엘리베이터나 에스컬레이터를 타고 올라가는 방법은 없을까?' 하고 생각하는 사람도 있을 거야. 그렇게 쉽게, 노력하지 않고 이루는 것은 다시 제자리로 돌아가는 경우가 많아. 크게 이루려면 반드시 실현 가능한 수준으로 단계를 나누어 차근차근 실천해야 목표를 달성할 수 있다는 사실, 명심하자!

**T(Timely): 시간 배정을 적절히 하고 즉시 실천해야 한다.**
조그만 목표도 이루지 못하는 사람들의 특징 중 하나는 목표 달성에 걸리는 시간을 적절하게 나누지 못한다는 거야. 그리고 실천으로 옮기는 것을 '나중에', '내일부터'라고 하며 뒤로 미루는 습관이 있어. 아주 조그만 목표라도 이루고 싶다면 시간을 잘 배분해서 미루지 않고 바로 실천해야 해. 그렇게 할 수 있는 방법은 뭘까?

하나, 목표에 도달할 때까지 걸리는 시간을 너무 짧게 잡지 않는 방법이야. 목표를 이루는 동안 예상하지 못한 일이 생길 수도 있으니 조금은 여유 있게 시간을 정하는 게 좋아.

둘, 그렇다고 목표를 이루기까지의 시간을 너무 길게 잡는 것도 바람직하지 않아. 왜냐하면 사람은 목표 시한에 맞춰서 행동을 조절하려는 심리가 있거든. 시간이 많이 남았다고 생각하면 여유를 부리고 게으름을 피우게 돼. 남은 시간이 많을수록 쓸데없는 일들로 그 시간을 채우기도 하고. 이것을 심리학에서는 **'파킨슨의 법칙'**이라고 해. 방학 내내 여유를 부리고 있다가 개학 전날에야 숙제를 허겁지겁하는 것도 바로 이 법칙으로 설명할 수 있어.

셋, 일단 목표를 정하면 '조금 있다가', '내일부터'라는 말로 시작을 미뤄서는 안 돼. "시작이 반이다"라는 격언이 괜히 생긴 말이 아니야. '연말까지 용돈을 저축해 10만 원을 모아 아프리카 어린이를 돕겠다'는 결심을 했다면 지금 당장 통장을 만들고 1000원이라도 저축을 시작하는 게 좋아. 한 달 동안 5킬로그램을 빼겠다는 목표를 세웠다면 오늘부터 당장 운동장을 돌거나 줄넘기를 시작하는 거지. 그러면 이미 목표의 반을 이룬 것이나 마찬가지라고 할 수 있어. 왜냐하면 시작이 반이니까!

 생각하고 실천하기

● 가장 빠른 시간 안에 이루고 싶은 나의 목표는 무엇인가?

● SMART 규칙을 내가 실천하기 쉬운 순서대로 번호를 매겨 보자.

# 공부는 왜 해야 하지?

공부가 인생의 전부는 아니다.
그러나 인생의 전부도 아닌
공부 하나도 정복하지 못한다면
과연 무슨 일을 할 수 있겠는가?

- 하버드 대학교 도서관에서 발견된 낙서

## 빌 게이츠의 편지

오하이오 주의 고등학교 교사 캐시 크리드랜드가
빌 게이츠에게 이런 편지를 보냈다.

"당신은 대학을 졸업하지 않았는데
마이크로소프트의 회장이 되었고,
40대에 이미 세계 최고 부자가 되었어요.
당신의 성공담이 많은 아이들에게
공부를 게을리 해도 된다는

핑곗거리가 되고 있습니다.
아이들에게 어떤 이야기를 해 주어야 할까요?"

이 편지에 빌 게이츠는 이런 답장을 보냈다.

"나는 마이크로소프트를 창업하기 위해
대학 졸업장은 포기했지만
하버드 대학교를 3년 동안 다녔습니다.
내가 알기로는 고등학교를 그만두고
컴퓨터 업계에 진출해
성공을 거둔 사람은 거의 없습니다.
누구든 '일생일대의 기회'라는 확신이 없는 한
학교 공부를 중단하는 것은
결코 현명하지 않습니다.

빌 게이츠
ⓒ flickr. com, gisela giardino

또한 학교에는 혼자만의 공부로
채울 수 없는 것이 너무 많습니다.
나는 친구들과 어울려 질문을 주고받고
아이디어에 대한 의견을 교환했습니다.
나는 학교생활에서 공부 말고도
많은 것을 배웠다는 사실을
아이들에게 꼭 전해 주시기 바랍니다."

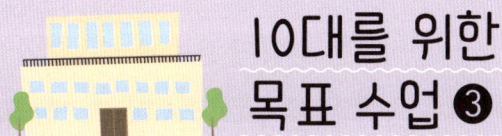

# 10대를 위한 목표 수업 ❸

'라이트 형제, 앤드류 카네기, 헨리 포드, 토머스 에디슨, 어니스트 헤밍웨이, 스티브 잡스…….'

혹시 이들 중에 모르는 사람이 있을까? 모르는 사람은 이번 기회에 찾아서 알아 두는 것도 좋을 것 같아. 그럼 위 인물들의 공통점은 무엇일까? 이들에게는 두 가지 공통점이 있어. 첫째, 이들은 각자의 분야에서 최고의 업적을 이룬 사람들이야. 모두가 잘 알다시피 라이트 형제는 비행기를 발명했고, 카네기는 미국의 철강왕이었어. 포드는 자동차를 만들었고, 에디슨은 전구를 발명했지. 헤밍웨이는 노벨상을 받은 소설가고, 스티브 잡스는 우리가 요즘 끼고 사는 스마트폰을 개발했어. 모두 자기 분야에서 이름을 떨친 사람들이야. 둘째, 대학을 졸업하지 못했어. 뉴턴이나 아인슈타인 역시 우리의 삶을 바꾼 과학자들이지만 학교 성적은 별로 좋지 않았다고 해.

## 행복이 성적순은 아니지만

"학교의 우등생은 사회의 열등생"이라는 말이 있어. 비슷한 말로 "행복은 성적순이 아니다"라는 말도 있지. 학교 다닐 때 공부를 잘해야 성공하고 행복한 인생을 사는 것은 아니라는 의미야. 왜냐하면 행복이란 극히 주관적인 감정이고 또 직업적인 성공이 가정이나 개인의 행복과 꼭 일치

한다고 볼 수 없으니까. 위에서 말한 사람들의 공적을 보면 성공이 반드시 성적순은 아니라는 사실에 충분한 참고가 되기는 해.

그런데 대학을 가지 않거나 공부를 안 하는 것이 행복이나 성공과 관계가 없다고 주장하는 것이 과연 맞는 말일까? 만약 그렇다고 생각한다면 다음과 같이 생각하기 때문일 거야.

하나, 에디슨과 스티브 잡스는 대학을 나오지 않았다.
둘, 그들은 세계적인 발명가, 세계적인 기업가가 되었다.
셋, 그러므로 나도 대학에 가지 않아도 성공할 수 있다.

이런 생각에는 논리적인 함정이 숨어 있어. 잘 생각해봐. 에디슨, 포드, 빌 게이츠, 스티브 잡스 등은 대학을 졸업하지 않고 성공한 극히 일부 사례에 불과해. 이 사람들은 대학을 나오지는 않았지만 자기 분야에 대해 대학에서 공부한 사람들 이상으로 깊이 탐구하고 연구했어. 그리고 자기 분야에서 성공하거나 업적을 남긴 사람들 중에 대학에 들어가 자기 전문 분야를 공부한 사람이 그렇지 않은 사람보다 훨씬 많아. 여기서 중요한 것은 대학을 다니고 안 다니고가 아니야. 대학이 반드시 성공과 행복을 결정하는 것도 물론 아니고. 하지만 단순하게 유명인들, 세계적으로 성공한 사람들 중에 대학에 다니지 않은 몇 사람의 예만 가지고, 자기가 공부 안 해도 되는 이유로 삼는 것은 옳지 않다는 말이지.

## 남다른 비전과 집념이 성공의 비결

혹시 "행복은 성적순이 아니다!"라고 외치면서 공부를 게을리 하고 있니? 그렇다면 자기 자신에게 다음 세 가지 질문을 꼭 해 봤으면 해.

하나, 나는 천부적인 재능을 타고난 사람인가?
둘, 미친 듯이 탐구하는 것이 있는가?

셋, 뭔가 특별한 창의적인 아이디어를 갖고 있는가?

만약 위 세 가지 질문에 대해 하나라도 '아니요'라고 답했다면 앞에서 얘기한 유명인들의 일화는 우리의 미래에 크게 도움이 되지 않을 거야. 왜냐하면 그들은 하나같이 뛰어난 재능과 머리를 타고났고, 누가 시키지 않아도 스스로 목표를 설정해 집요하게 그 분야를 연구했거든. 뿐만 아니라 그들은 모두 보통 사람들과는 다른 비전을 가지고 세상을 바라보았고, 다가올 미래를 미리 꿰뚫어보는 창의성이 있었어.

다시 말하지만 학교 성적이 우수해야만 성공해서 행복한 삶을 살 수 있다고 이야기하는 것은 아니야. 위에 예로 든 사람들처럼 성공해서 업적을 남겨야 행복하다는 말도 아니고. 사람마다 성공의 기준도 다르고, 행복의 기준도 다르니까. 다만 "행복은 성적순이 아니다", "학교의 우등생은 사회의 열등생"이라는 말로 자신의 게으름을 정당화해서는 안 된다는 거야.

성공하고 행복한 삶을 살고 싶다면 무엇보다 자기가 좋아하는 일을 찾아야 해. 아직 좋아하는 일을 찾지 못했다고? 너무 실망할 필요는 없어. 아직 시간이 많고 천천히 발견하면 되니까. 지금 무엇을 하고 있든 그 일을 좋아해 보는 연습을 하는 것도 목표를 찾는 좋은 방법이지. 자신이 좋아하는 일이든, 자기에게 주어진 일이든 끊임없이 그 일에 대해 공부하고 실험 정신을 갖고 탐구하면 좋은 성과를 낼 수 있을 거야.

그림 그리기나 피아노 연주, 운동 등 타고난 재능을 이미 찾은 사람이라면 그 재능을 살리기 위해 열심히 노력하면 돼. 하지만 아직 자신만의 재능이나 좋아하는 일을 찾지 못했다면 숨은 재능을 찾기 위해 다양한 노력을 해 보면 좋겠지? 누구도 미래를 알 수는 없어. 하지만 미래를 준비하는 사람은 밝은 미래를 스스로 만들어 낼 수 있거든. 잠깐 하던 일을 멈추고 '나는 무엇에 최선을 다해야 할까?' 하고 생각해 보는 시간을 가져 보자.

## 다른 결과를 얻고 싶다면
## 다른 방법으로

　행복한 사람과 성공한 사람은 불행한 사람이나 실패한 사람과는 다른 관점으로 세상을 바라보고, 다른 방식으로 행동해. 어려움을 헤쳐 나가는 방법도 남들과 달라. 그들도 처음부터 그러지는 않았겠지? 매번 다른 방법을 쓰면서 더 좋은 성과를 내는 방법을 찾아냈을 거야. 지금까지 하던 방식대로만 한다면 지금까지 얻었던 것만 얻게 되거든. 이전과 다른 결과를 얻고 싶다면, 이전과 다른 방법을 시도해야 해.

　위대한 업적은 모두 사소한 것에 대한 남다른 태도에서 출발했어. 조금만 태도를 바꾸면 지긋지긋한 일도 빨리 하고 싶어 안달이 날 정도로 기다려지는 일로 변하거든. 그러려면 부정적인 태도, 수동적인 자세, 고정관념 등에서 벗어나야 해. 그리고 더 좋은 방법과 기술을 찾을 때까지 실험을 계속해 보는 거지.

그러면 우리가 그토록 하기 싫었던 '공부'가, 하고 싶어 안달이 나는 '공부'로 바뀔 거야. 믿을 수 없다고? 세상을 바라보는 너의 관점을 바꿔 봐. 분명히 그런 기적을 경험하게 될 테니까!

 **생각하고 실천하기**

● 공부는 왜 해야 하는지, 대학은 왜 꼭 가야 하는지 생각해 보고, 친구들과 토론해 보자.

● 공부 말고 내가 관심이 있고 잘하는 것이 있는지 찾아서 세 가지 이상 적어 보자.

# 실패를
# 두려워하지 말자

우리는 실패할 때

자신과 그 일에 대해 가장 많이 배운다.

문제는 실패가 아니라

실패를 다루는 방식이다.

승자와 패자의 차이는

'실패를 다루는 방식'에서 나온다.

승자는 실패를 통해
'성공에 다가서는 법'을 배우고,
패자는 실패를 통해
'성공에서 멀어지는 법'을 배운다.

## 여전히 가능성은 남아 있다

열일곱 살의 어린 나이에
자신이 진짜 영화감독인 양 정장 차림에 서류가방을 들고
유니버설 스튜디오를 들락거렸던 스티븐 스필버그는
이제 영화계에서는 누구나 우러러보는 인물이 되었다.

찰리 채플린은 성공한 사람처럼 생각하고 행동해야
진짜 성공할 수 있다고 생각했다.
그는 고아원에 있을 때도, 음식을 구걸할 때도

토머스 에디슨

'나는 이 세상에서 가장 위대한 배우다'라고 생각했다.

에디슨은 전구를 발명하기 위해 수천 번이나 실패했던
경험에 대해 묻는 기자에게 이렇게 말했다.
"천만에요! 전 한 번도 실패한 적이 없습니다.
오히려 전구를 만들지 못하는 수천 가지 방법을
잇달아 발견한 것이지요. 좋은 결과를 얻기 위해
충분한 실험을 거쳐야 했습니다."

실패를 통해 배우는 자세가

에디슨을 세계 최고의 발명가로 만들었다.

모든 가능성을 다 시도해 보았다고 생각할 때조차도

반드시 명심해야 할 말이 있다.

"그래도 여전히 가능성은 남아 있다."

# 10대를 위한
# 목표 수업 ❹

"수학은 정말 자신이 없어."

"다이어트하려고 결심했는데 작심삼일이야."

"아침마다 아버지와 조깅하려고 결심했는데, 일주일을 넘기기가 어려워."

이럴 때 우리의 머릿속을 맴도는 단어가 하나 있어. 그것은 바로 '포기'야. 우리는 무언가를 이루기 위해 날마다 수많은 시도를 하곤 해. 성적을 올리기 위해 날마다 예습과 복습을 하겠다고 결심하고, 빨리 키 크고 건강해지려고 날마다 30분씩 줄넘기를 하겠다고 선언하지. 친구들에게 뚱보라는 놀림을 그만 듣기 위해 절대로 간식이나 야식을 먹지 않겠다고 다짐하기도 해. 그러나 목표를 달성할 때까지 그런 다짐을 지켜 내는 사람은 별로 많지 않아. 그래서 모든 사람들이 다 공부를 잘하는 것도 아니고, 건강하고 날씬한 것도 아니겠지.

크고 작은 장애물에 부딪혔을 때, 의외로 많은 사람들이 쉽게 굴복하고 좌절해. 하지만 끝까지 도전해서 마침내 목표를 달성하는 사람들이 우리 주변에는 분명히 있어. 이런 사람들이 있다는 사실을 알면서도, 그리고 뭔가를 간절히 원하면서도, 아예 시도조차 하지 않는 이유는 무엇일까? 그것은 스스로 자기의 한계를 정해 놓고 '그냥 이대로 사는 게 편하다'고 생각하기 때문이야.

## 송충이는 솔잎을 먹어야 산다고?

"못 오를 나무는 쳐다보지도 말라"는 속담이 있어. 불가능한 일은 일찌감치 단념해야 하며, 분수에 넘치는 일은 생각하지도 말라는 뜻이야. 의외로 많은 사람들이 스스로 미래의 가능성에 대한 금을 긋고, 꿈을 갖는 것 자체를 포기하는 경우가 참 많아. 자기 분수에 넘치는 꿈을 갖는 것은 결코 현명한 선택이 아니라는 생각이 뿌리 깊이 박혀 있기 때문이야.

또 우리 속담에는 "송충이는 솔잎을 먹어야 산다"는 말이 있어. 사람은 분수에 맞게 살아야 하고 분수에 넘치는 것을 시도하면 낭패를 본다는 뜻이지. 이 말을 아직도 좌우명으로 삼고 사는 사람이 있다면 이렇게 한번 생각해 보는 게 어떨까? 왜 송충이가 수십 억 년이 지난 지금까지도 진화하지 못하고 솔잎만 먹는 벌레로 남아 있을까? 많은 사람들이 분수를 알고 살아야 한다고 말하지만 분수 이하로 사는 것이 꼭 옳은 자세인지 생각해 봐야 해. 그보다는 내 분수를 키우려고 애쓰는 것이 더 현명한 자세가 아닌지 말이야.

물론 "못 오를 나무는 쳐다보지도 말라"는 속담도 일리가 있어. 어떤 면에서 우리 모두는 한계를 가지고 있기 때문이지. 그렇다고 해서 올라가 보지도 않고 '오르지 못할 나무'라고 미리 단정 짓지는 말아야 하지 않을까?

"좋은 결과를 얻기 위해 충분한 실험을 거쳐야 했다"는 에디슨의 말처럼, 오르지 못했을 때도 우리가 배울 수 있는 것들이 많아. 오르지 않고서는 아예 배울 수 없는 것들이 있지. 생전에 큰 부를 이룬 고 정주영 회장은 시도해 보지도 않고 불가능하다고 말하는 직원들에게 이렇게 묻곤 했어. "이봐, 해보기나 했어?" 어때? 에디슨과 정주영, 공통점이 보이니?

## 오르지 않으면
## 떨어질 일도 없다고?

　세상에는 꿈을 갖는 것 자체를 포기하는 사람도 많지만 그보다 더 많은 사람들이 몇 번의 시도만 하고 도중에 포기하곤 해. 공부나 다이어트를 하다가 도중에 그만두는 사람들은 이솝 우화에 나오는 여우처럼 자신을 합리화하곤 하지. "그건 내 삶에서 중요한 것이 아니야", "원래 내가 원한 것이 아니었어"라고.

　뭔가를 시도하다 도중에 그만두게 되는 진짜 이유는 무엇일까? 그것은 바로 마음속에 자리 잡고 있는 실패에 대한 두려움 때문이야. '안 될 일은 일찌감치 포기하는 것이 낫다'고 생각하고 있지는 않니? 이렇게 생각하는 까닭은 목표를 정하게 되면 그것을 위해 뭔가를 시도해야 하고, 일단 시도하면 반드시 성공해야 하는데, 그것이 어렵고 불가능하다고 믿기 때문이야.

꿈을 도중에 포기하는 또 다른 이유는 시도하지 않으면 실패도 없다고 여기기 때문이지. 실패하지 않고 안전하게 사는 유일한 방법은 아무것도 하지 않는 것일 테고. 집 밖으로 나가면 걸어가다가 넘어질 수도 있고, 차에 치일 수도 있겠지. 또는 누군가와 말다툼을 할 수도 있을 거야. 그러니 평생 집 안에서만 틀어박혀 사는 것이 가장 좋은 방법일까? 집 안에 있으면 사소한 위험을 피할 수는 있겠지만 친구를 만날 수도 없고, 맛있는 간식도 사 먹을 수 없고, 영화관에도 갈 수 없을 거야.

오르려고 하지 않으면 나무에서 떨어질 일도 없어. 하지만 나무 아래로 펼쳐진 아름다운 풍경은 죽을 때까지 볼 수 없겠지. 실패할까 봐 두려워 골문을 향해 공을 차지 않으면, 100% 노골이라는 사실, 잊지 마!

## 몇 번이나 실패했을까?

언젠가 한 제자가 나를 찾아왔어. 보험 세일즈를 하며 스물다섯 번이나 고객을 만났는데, 계약을 한 건도 성사시키지 못했다면서 이 일을 그만두어야 할 것 같다고 하더라고. 그래서 내가 그 제자에게 "몇 번쯤 시도해야 계약이 성사될 것 같니?"라고 물었어. 처음에는 잘 모르겠다고 해서, 그냥 추측해 보라고 했더니 한참을 머뭇거리다가 "쉰 번은 해야 하지 않을까요?"라고 대답했어. 그래서 난 "앞으로 스물다섯 번만 더 실패하면 계약을 할 수 있겠구나. 이미 스물다섯 번은 해냈으니까"라고 말해 주었어.

패스트푸드 체인점 KFC의 창업주인 커넬 샌더스는 예순여섯 살에 사업을 시작해서 일흔 살이 훨씬 넘어서야 부자가 되었어. 그는 닭튀김 요리 사업에 야심을 갖고 전국을 돌며 요리법을 팔려고 노력했지. 가까운 사람들을 포함해 많은 사람들이 그의 아이디어에 고개를 절레절레 흔들었고, 절대로 성공할 수 없을 테니 일찌감치 포기하라고 조언했어. 실제로 그는 천아홉 번을 퇴짜 맞고서야 겨우 'OK!'라는 대답을 들었다고 해. 나는 그 제자에게 샌더스 얘기를 해 주면서 'No!'라는 대답을 들을 때마다 'Yes!'에 한 발자국씩 가까워지고 있다고 생각하라고 말해 주었어.

혹시 더 이상 시도할 필요가 없을 정도로 충분히 실패했다고 생각하고 있니? 실제로는 몇 번이나 시도하고, 몇 번이나 실패해 봤어? 지금까지 퇴짜 맞은 횟수가 과연 샌더스처럼 1000번이 넘었니?

## 실패를 두려워하지 말자

다른 사람보다 자전거 타는 법을 더 빨리 배울 수 있는 방법이 있어. 방법은 아주 간단해. 더 많이 넘어지면 돼. 자전거 타는 법을 남들보다 빨리 익힌 사람은 특별히 운동신경이 뛰어나서일까? 주변 친구들에게 물어봐. 자전거를 타자마자 달릴 수 있었는지. 아마 그럴 수 없었을 거야. 다만 자전거 타는 법을 쉽게 배운 친구들은 넘어지는 것을 두려워하지 않았을 거야. 몇 번을 넘어져 무릎이 까져도 꼭 타고야 말겠다고 생각했을 거야. 혹시 한두 번 넘어지고 나니 무서워서 못 타겠다고 한 적은 없니? 넘어지는 것을 두려워한다면 자전거를 영영 탈 수 없게 될지도 몰라.

많은 사람들이 '실패는 성공의 반대이며 나쁜 것'이라고 생각해. 그러나 실패는 성공의 반대도 아니고, 나쁜 것도 아니야. 실패와 성공, 둘 다 목표를 이루기 위해 겪어야 하는 하나의 과정일 뿐이야.

야구에서 홈런을 치는 것과 스트라이크 아웃을 당하는 것은 결국 같은 행동, 즉 타석에 들어가 공을 치는 행동에서 나온 결과잖아. 타석에 들어서지 않는다면 아웃을 당하지 않겠지만, 동시에 홈런도 절대 칠 수 없어. 야구 선수들의 기록을 보면 홈런을 많이 친 타자들이 삼진도 많이 당하곤 해. 홈런을 치기 위해 방망이를 힘차게 휘두르다 보니 삼진도 많이 당했을 거야. 단순하게 실패를 나쁜 것이라고 생각하면 실패할 수도 있는 상황을 피하게 되겠지? 그래서 새로운 것을 시도하는 것조차도 포기하게 될 수 있어.

과학자가 발견한 새로운 이론과 위인이 이룬 위대한 성취의 역사를 돌이켜 볼까? 이 역사에는 잘못된 가정과 아이디어, 실패한 시도 때문에 되풀이된 수많은 실패담으로 가득 차 있다는 사실을 알 수 있을 거야. 그러니 절대로 실패를 두려워하지 말자! 인생은 실패할 때 끝나는 것이 아니라 포기할 때 끝나는 것이니까.

## 생각하고 실천하기

● 실패할까 봐 두려워 시도조차 하지 못한 일이 있는지 생각해 보자.

● "인생은 실패할 때 끝나는 것이 아니라 포기할 때 끝난다"는 문장을 소리 내서 열 번 읽어 보자.

# 내 인생의 목표

# 나는 어떤 사람이지?

"평생을 알만 낳다 나중에 털 뽑혀서 먹히고…….
그렇게 살다 죽고 싶어요?"
"어떻게 해요. 그게 우리 팔자인데……."

"그게 문제예요!
양계장 울타리가
여러분 머릿속에 있다는 것."

- 영화 〈치킨 런〉 중에서

## 자신에 대한 믿음

청소부 앤디는 항상 남보다 일찍 출근했다.
그러면서 틈틈이 독학으로 모스 부호를 공부했다.
어느 날 전보 교환원들이 모두 자리를 비운 시간에
전보 하나가 들어왔다.
당시 규칙은 교환원 이외에는 장비를
건드리지 못하게 되어 있었다.
하지만 앤디는 처벌 위험을 감수하고 전보를 받았다.
사장은 그를 해고하기는커녕 교환원이 없을 때

앤드류 카네기
ⓒ Wikimedia commons

전보를 받을 수 있게 해 주었다.

그 후 그는 철도회사 전신원으로 스카우트되었다.

앤디는 여기서도 독학으로 철도 운영 과정을 공부했다.

어느 날 그는 출근을 하자마자

열차 탈선 사고가 난 것을 알았다.

책임자와 연락이 되지 않자, 그는 이번에도

해고를 각오하고 철로 노선 변경을 전보로 지시했다.

덕분에 사고는 무사히 수습되었다.

청소부 앤디가 바로 나중에 철강왕이 된

앤드류 카네기다.

# 10대를 위한 목표 수업 ❺

**누군가에게** 나를 소개해야 할 때가 있어. 그때 우리는 어떻게 하지? '이름은 ○○○입니다. 성격이 아주 못되고, 게으릅니다.' 혹시 이렇게 소개하는 사람이 있을까? 아마 없을 거야. 대부분 '저의 이름은 ○○○입니다. 성격이 아주 밝고 성실합니다'라고 소개하잖아. 그런데 마음속으로는 이렇게 생각하는 사람이 참 많아. '난 천성이 게으

러', '의지가 약해', '내가 어떻게 그런 일을…….'

남에게는 잘 보이고 싶어 하면서도 자기 자신에 대해서는 부정적인 생각을 가지고 있는 거지. 이런 부정적인 생각은 우리의 태도와 행동을 지배해. 남에게 나를 소개할 때뿐 아니라 자기 자신에 대한 생각을 새롭게 만들어 보면 어떨까? 그러면 그 생각대로 행동하게 된다는 사실을 깨닫게 될 거야. 왜냐하면 모든 인간은 자신의 믿음과 일치하는 방향으로 행동하고자 하는 욕구를 가지고 있거든. 그것이 옳든 그르든 상관없이 말이야.

## 자기 규정 효과

'게으른 사람'이라고 자기 자신을 규정하면 게으르게 행동하게 되고, 결과적으로 게으른 사람이 되고 말아. 마찬가지로 자신을 '부지런한 사람'으로 규정하면 게으름을 피우고 싶은 순간에도 부지런히 움직이게 되고 결과적으로 부지런한 사람이 되겠지? 무엇이든 어떻게 마음먹느냐가 정말 중요해. 자신에 대한 믿음이 태도와 행동을 결정하고, 나아가 운명까지 결정하게 되는 것을 심리학에서는 '**자기 규정 효과**'라고 해.

성격을 바꾸는 것은 말처럼 쉽지 않아. 예를 들어 내성적인 성격을 가진 사람은 외향적인 성격으로 바꾸고 싶어 하는데 그게 잘 안 된다고 하소연하는 경우가 많지. 왜 그럴까? 우선 그들은 자기 자신을 내성적인 사람이라고 이미 규정하고 있기 때문이야. 자신을 내성적인 사람이라고 스스로 규정한 사람은 다음과 같은 3단계 과정을 거쳐.

1단계: 나는 내성적인 사람이다.
2단계: 저기 마음에 드는 친구가 있다. 다가가 볼까? 아니, 안 돼. 내성적인 내가 어떻게 해?
3단계: 호감 가는 친구에게 말도 못 붙이고……. 그것 봐. 나는 내성적인 사람이 틀림없어.

이러면서 평생 내성적인 사람으로 살아가게 되는 거야. '나는 무뚝뚝한 사람이다'라고 자신을 규정하면 부모님이나 형제에게 점점 무뚝뚝하게 행동하게 돼. 다른 사람에게 친절하거나 친절하지 않은 것은 유전자 때문이 아니야. 물론 성격 때문도 아니고. 이유는 단지 자신을 '무뚝뚝한 사람'으로 규정해 놓았기 때문이지. 자신이 규정한 대로 자신의 미래가 결정된다고 생각해 봐. '만약 자신을 도둑이나 강도로 규정했다면……' 생각만 해도 끔찍하지? 그렇다면 우리는 우리 자신을 어떻게 규정하는 게 좋을까?

## 어제와 다른 내가 되고 싶다면

　창의적인 사람과 그렇지 못한 사람을 구별하는 가장 중요한 차이는 무엇일까? 평생 창의성에 대해 연구한 로저 본 외흐의 연구 결과에 따르면 그것은 유전자도, 지능도, 학문적 배경도 아니었어. 바로 자신을 어떻게 규정하느냐에 달려 있다는 거지. 로저 본 외흐는 "창의적인 사람은 스스로를 창의적이라고 규정하고, 그렇지 않은 사람은 자신을 창의적이지 않다고 규정한다"라고 말했어.

창의적인 사람이 되고 싶다고? 그렇다면 자신을 '시도 때도 없이 아이디어가 샘솟는 아이디어맨'이라고 규정해 봐. 그러면 지하철 안에서도, 산책을 하다가도, 화장실에서도 문득문득 아이디어가 떠오르게 돼. 착한 딸이 되고 싶니? 그렇다면 '착한 딸'로 자신을 규정하면 돼. 마찬가지로 아침에 일찍 일어나는 사람이 되고 싶다면 '아침에 눈을 뜨면 벌떡 일어나는 사람'으로 자신을 규정하면 되는 거지.

지금과는 다른 모습으로 살고 싶다면 '내가 원하는 모습의 나'로 자신을 새롭게 규정해 보는 거야. 책을 많이 읽고 싶니? 그렇다면 '책을 많이 읽고 싶다'라고 소망하는 대신, '나는 일주일에 책을 한 권 이상 읽는 사람'이라고 자신을 규정해 보자. 실천을 잘하고 싶다면 '나는 의지가 약한 사람'이라는 생각을 머릿속에서 지우고 '나는 결심을 하면 반드시 실천하는 사람'이라고 자신을 새롭게 규정하는 거야. 자신에 대한 믿음이 바뀌면 우리의 행동은 나에 대한 새로운 생각을 뒷받침하기 위해 자동적으로 바뀌게 되어 있어.

## 오늘부터 나는 어떤 사람인가

그런데 왜 많은 사람들은 어제와 다른 오늘을 살고 싶고, 오늘과 다른 내일을 살고 싶다고 말하면서 자신을 새롭게 규정하지 않을까? 불만스럽기는 하지만 현재 상태가 그냥 편하기 때문이야. 무언가를 바꾸려고 하면 귀찮고 번거로우니까.

하지만 그런 귀찮음과 번거로움을 이겨 내야 내 미래를 바꿀 수 있어. 자신을 새롭게 규정하면 마음가짐부터 달라져. 게으른 나, 내성적인 나를 바꾸고 싶다면 스스로 내 안에 쳐 놓은 울타리를 걷어 내고 나에 대한 부정적인 생각을 털어 내야 해. 위대한 사람도 초라한 사람도 모두 자신에 대한 생각이 나의 모습을 만든다는 사실, 꼭 기억해 둬!

자, 이제 내가 원하는 나의 모습을 떠올려 보자. 그리고 스스로를 새롭게 규정해 보는 거야. "오늘부터 나는 ○○○한 사람이다"라고. 이렇게 나를 새롭게 규정한 순간 나의 미래는 어떻게 달라질까?

### 생각하고 실천하기

● 어제와 다른 내가 되고 싶다면 자기 자신을 새롭게 규정해야 한다. 지금까지 나는 어떤 사람이었고, 지금부터 나는 어떤 사람이 될 것인가?

● 지금까지 나는 _____ 사람이었다.
  지금부터 나는 _____ 사람이다.

# 해야 할 이유를 찾자

TV에 출연했던 '공부의 신' 중 한 명은 이렇게 말했다.
"공부는 열심히 하는 사람보다 즐기는 사람이 더 잘해요.
그런데 즐기는 사람보다 더 잘하는 사람은
어떤 사람인지 아세요?
간절한 사람이에요.
제게는 공부를 할 수밖에 없는
'절박한 이유'가 있었기 때문에
이 자리에 설 수 있었어요.
저도 사실 공부하는 게 무척 싫었거든요."

공부가 되었건, 다이어트가 되었건
포기하지 않고 끝까지 밀고 나가려면
그만큼 절박한 이유가 있어야 한다.

## 19번의 오디션

가수 비, 연기할 때는 정지훈으로 불린다.
지금은 월드스타인 그가 한 인터뷰에서
연습생 시절을 이렇게 회상했다.
"당시 나는 벼랑 끝에 서 있었고,
더 이상 밀려날 곳이 없었습니다.
어머니의 병원비는 밀렸는데 차비조차 없고,
돌봐 주어야 할 여동생까지 있었기 때문에
무엇이든 하지 않으면 안 되는 상황이었습니다.

만약 내가 쥐였다면

내 앞을 막아선 고양이를 물고서라도

뛰쳐나가야만 하는,

도무지 숨을 데도 피할 데도 없는 상황이었습니다.

여기서 떨어진다면 더 이상 갈 곳이 없다는 절박감에

오디션을 보는데,

한 번도 쉬지 않고

총 다섯 시간을 계속 춤췄습니다.

그렇게 해서 오디션에 합격했습니다."

그는 열여덟 번이나 오디션에 떨어졌지만

포기하지 않았다.

이것이 아니면 죽을 것 같다는
생각 때문이었다.
비가 열여덟 번의 오디션 탈락을 극복한
절박한 이유였다.

## 10대를 위한 목표 수업 ❻

뭔가 해내고 싶은 일이 있을 때, 너희는 어떤 결심을 하니? '이 일은 내가 꼭 해낼 거야!'라고 결심을 했다가도 막막해진 적은 없었니? 그런 경험이 있다면 그건 막연히 '해 보겠다'는 생각만 가지고 있었기 때문일 거야.

뭔가 해내기 위해서는 그걸 해야 하는 절실한 이유가 있어야 해. 상황이 절박해지거나 절실한 이유가 만들어지면 우리의 선택은 단순해지거든. 다른 생각을 할 수 없게 되는 거지. 우리 마음속에 간절히 원하는 것이 생기면 어떤 유혹도 물리칠 수 있어. 어떤 목표든 절실한 이유를 찾아내고 절박한 심정으로 덤비면 그 목표는 이미 절반은 성취한 셈이 되는 거야.

원하는 목표가 있는데도 아직 실천하지 않고 있다고? 그럼 그만큼 절실하지 않기 때문일 거야. 마음속에 아직 그 일이 최우선 순위로 자리 잡지 못했다고 볼 수 있어.

## 절실한 이유를 찾아내자

포기하지 않고 끝까지 결심을 실천하는 사람들은 공통점이 있어. 그들은 다른 사람들이 '할 수 없는 수많은 핑계'들을 찾고 있을 때, '해야만 하는 절실한 이유'를 찾아내고 행동으로 옮긴다는 사실이야.

게임 중독에 빠져 있던 친구가 하루아침에 게임을 뚝 끊어 버리는 것을 본 적 있니? 운동을 하겠다고 결심한 뒤로 하루도 안 빠지고 열심히 운동하고 있는 친구는? 먹는 거라면 열일을 제쳐 두고 덤비던 친구가 다이어트를 한다면서 피자와 햄버거의 유혹을 이겨내는 것을 본 적은? 만약 그런 친구가 있다면 아마 '독하다'고 생각했을 거야. 하지만 정말 그럴까? 알고 보면 그들은 독해서가 아니라 게임을 끊어야 할, 운동을 해야 할, 다이어트를 해야 할 자기만의 절박한 이유를 찾아냈기 때문이야.

뭔가를 꼭 해야 할 이유를 찾는다고 해서 반드시 거창할 필요는 없어. 유치한 이유도 얼마든지 결심을 실천할 수 있는 정당한 이유가 될 수 있거든. 어느 인기 프로 마술사는 마술을 시작하게 된 동기를 "여자들에게 인기를 얻고 싶어 저만의 취미를 찾았던 것이 제 마술의 시작이었습니다"라고 말했어.

남들이 보기엔 유치할지 모르지만, 이 마술사에게는 여

자에게 인기를 얻고 싶다는 이유가 무척 중요했을 거야. 이처럼 목표를 이루기 위해서는 자신만의 특별한 이유를 찾아야 할 필요가 있어.

## 도움을 요청할 때도 이유가 필요하다

용돈 올려 주면 참 좋은데, 엄마는 왜 용돈을 올려 주지 않을까? 돈이 없어서? 원래 인색해서? 자식들을 이해하지 못해서? 모두 아니야. 용돈을 꼭 올려 줘야 할 이유를 찾지 못했기 때문이야. 다른 말로 하면 우리가 엄마에게 용돈을 올려 줘야 하는 이유를 제대로 설명하지 못한 거지.

나 정말 괜찮은 사람인데 그 여학생은 왜 나를 좋아하지 않을까? 키가 작아서? 공부를 못해서? 모두 틀렸어. 그 여학생이 나와 사귀고 싶은 이유를 아직 제공하지 못했기 때문이야.

우리는 혼자서 살 수 없어. 어디서 무슨 일을 하든 반드시 다른 사람의 협조가 필요해. 도움을 받으려면 먼저 도움을 요청해야 하잖아. 그런데 도움을 청했다가 거절당하면 어떻게 하냐고? 먼저 왜 거절당했는지 생각해 봐야겠지? 그리고 어떻게 하면 사람들에게 도움을 받을 수 있는지 방법을 찾아야겠지?

이성 친구와 사귀자고 할 때나, 선생님께 질문할 때, 부모님께 용돈을 올려달라고 할 때는 그냥 부탁하면 안 돼. 그냥 요청하면 그냥 거절당할 가능성이 높거든. 그러니까 그들이 기꺼이 사귀고 싶은, 가르쳐 주고 싶은, 용돈을 올려 주고 싶은 이유를 제공해야 해. 상대방의 입장에서 내 부탁을 들어줄 수밖에 없는 타당한 이유, 해 주고 싶은 제대로 된 이유를 먼저 제공해야 원하는 것을 얻을 수 있다는 사실, 잊지 말자!

**생각하기**

● 반드시 이루고 싶은 목표 한 가지를 찾아보자. 그 목표를 이루고 싶은 이유가 무엇인지 생각해 보자.

## 실천하기

● 수학 공부를 열심히 하는 것이든, 게임을 끊는 것이든, 다이어트든, 주변에 결심을 하고 실천에 옮긴 사람을 찾아보자. 결심을 한 이유와 실천에 성공한 이유를 조사해 보자.

# 소중한 일을
# 먼저 하자

성공하는 사람의 특성을 분석한 앨버트 그레이는
성공하는 사람의 가장 두드러진 특성 중 하나는
'중요한 일을 먼저 하는 것'이라고 말했다.
인생의 주인이 되고 싶다면,
순간적인 재미로 우리를 유혹하는
중요하지 않은 일들을 과감하게 물리칠 수 있어야 한다.
대신 소중한 일을 먼저 선택해야 한다.

당장의 즐거움보다
장기적인 만족을 위해
소중한 일부터 먼저 하겠다는 결단은
살면서 내려야 하는
그 어떤 결단보다 중요하다.

## 18년 동안 도를 닦아 18루피를 벌다

"선생님, 제가 물 위를 걸어서
갠지스 강을 건널 수 있게 되었습니다."
한 수행자가 인도의 정신적 지도자인 라마크리슈나를
찾아가 의기양양하게 자신의 도력을 얘기했다.
눈을 지그시 감고 듣고 있던 라마크리슈나가 물었다.
"그래 몇 년이나 수련을 했는가?"
제자는 대답했다.
"18년 걸렸습니다."

스승은 다시 물었다.

"이보게, 갠지스 강을 건너는 데 뱃삯이 얼마인가?"

제자는 대답했다.

"18루피라고 들었습니다."

이 말을 들은 라마크리슈나가 수행자에게 말했다.

"자네는 18년 동안 노력해서 겨우 18루피를 벌었네."

물 위를 걷는 것은 생각보다 중요하지 않다.
그것으로 무엇을 얻느냐가 훨씬 더 중요하다.
사람이 아무리 빨리 달려도
치타보다 더 빨리 뛸 수는 없다.
아무리 도력이 깊어도
소금쟁이처럼 물 위를 가볍게 걸을 수 없다.
내가 해야 할 일은 치타처럼 빨리 뛰는 것이 아니다.
소금쟁이처럼 물 위를 걷는 것도 아니다.
나만이 할 수 있는 더 중요한 일을 해야 한다.

내가 앞으로 18년 동안
시간과 에너지를 투자해야 할
가치 있는 일,
그래서 남다른 성과를 낼 수 있는
정말 중요한 일은 무엇인가?

# 10대를 위한
# 목표 수업 ❼

TV 방송 중에 자기 분야에서 달인의 경지에 오른 사람들을 소개하는 프로그램이 있어. 한두 번은 본 적이 있을 거야. 음식의 달인을 비롯해서 종이 접는 기술의 달인까지 '직업의 종류가 정말 많구나' 하는 생각이 들 정도로 수많은 달인들이 출연해. 평생 한 우물을 파면서 달인의 경지에 오른 그분들을 보면 어떤 생각이 드니? 그분들 중에는 달인의 경지에 오른 기술로 큰 부자가 된 사람도 많이 있어. 반면에 한 가지 일을 수십 년이나 했는데, 여전히 같은 일을 반복하면서 겨우 생계를 이어가는 분들도 나오곤 하지.

그중 한 분의 인터뷰 내용을 나는 오랫동안 기억하고 있어. 왜냐고? 내게 많은 생각을 하게 했기 때문이야. 인터뷰 내용은 이랬어. "내 대에서 가난을 끝내고 싶어 죽어라고 일했어요. 그러다 보니 이 일에서만은 아무도 따라올 수 없는 달인이 되었지요. 하지만 문제는 제가 여전히 가난하다는 사실입니다."

물론 일의 분야에 따라 조금씩 차이가 있었지만, 달인 중에는 부자가 된 달인과 그렇지 않은 달인이 있었어. 같은 일을 수십 년 동안 하면 달인이 되고 당연히 부자도 되어 있을 거라고 생각했는데 현실은 그렇지 않았지. 우리 함께 그 이유를 생각해 보자.

새벽에 일어나서 열심히 일하면 누구나 부자가 될 수 있을까? 그런데 주변을 살펴보면 새벽에 일터에 나가는 대부분의 사람들은 부자가 아니라는 사실을 발견할 수 있어. 왜 그럴까?

수업 시간에 열심히 필기하고 밤늦게까지 공부하면 누구나 우등생이 되고 좋은 대학에 갈 수 있을까? 한번 주변의 친구들을 관찰해 봐. 설렁설렁 공부하는 것 같은데 늘 1등을 하는 친구가 있는 반면에, 지독하게 공부하는 것 같은데 성적은 늘 거기서 거기인 친구도 있잖아? 과연 그 이유는 뭘까?

## 효율과 효과의 차이

"저는 밤을 새우면서 공부하는 날이 정말 많아요. 선생님 말씀을 하나도 빼 놓지 않고 필기해요. 저만큼 노트 정리를 철저하게 하는 학생은 아마 우리 반에 없을 거예요.

그런데 왜 성적은 늘 제자리걸음일까요?"

 어느 고등학생이 정말 열심히 공부하는데 성적이 안 오르다며 상담한 내용이야. 난 이 학생에게 "세상에는 무슨 일이든 열심히 하고, 그래서 남보다 더 잘하게 되면 얻는 것도 더 많을 거라고 생각하는 사람들이 많다. 하지만 안타깝게도 그것이 착각인 경우가 더 많다. '효율'과 '효과'는 엄연히 다르기 때문이다"라는 내용으로 답 메일을 보내 주었지.

 그리고 효율과 효과에 대해 설명해 주었어. 효율은 투자한 노력과 결과의 비율을 말해. 투자는 적게 했는데 결과가 좋으면 효율이 높은 거지. 공부나 일을 얼마나 빨리, 많이 할 수 있는지를 재는 잣대야. 주의할 점은 효율이 높다고 해서 반드시 결과까지 좋은 것은 아니라는 사실이야.

 효과는 실제로 자신의 목표와 관련된 중요한 일을 얼마나 꾸준하게 잘하는가를 가늠하는 기준이라고 할 수 있어.

일이나 공부의 효과가 높다는 의미는 목표를 이루는 데 실제로 도움이 되고 결과도 좋다는 말이 되는 거지.

## 가치가 높은 일에 시간을 투자하자

조금 어렵니? 이렇게 이해하면 쉽게 기억할 수 있을 거야. 효율적인 공부는 지금 당장 나에게 편하고 쉬운 과목, 내가 잘하는 과목을 별 의미나 목표 없이 열심히 하는 것을 말해. 하지만 효과적인 공부는 지금 당장 불편하고 어렵지만, 내가 잘 못하는 분야라도 내 목표와 관련해서 꼭 해야 하는 중요한 과목을 계획을 세워 열심히 하는 것을 말하지.

효율적으로 공부하는 학생은 당장 오늘의 결과에 초점을 맞춰. 효과적으로 공부하는 학생은 먼 훗날 크게 성과를 낼 수 있는 일에 시간과 에너지를 투자하지. 당장의 효율보다는 미래의 효과를 더 소중하게 생각해.

혹시 친구들보다 열심히 하는 것 같은데 늘 부족하고 아쉽다는 생각이 드니? 그렇다면 내가 하고 있는 일 중에서 효율 위주로 했던 일을 먼 훗날의 가치를 생각하고 효과를 높이도록 해 보는 거야. 그리고 주변에 정말 효과적으로 살고 있는 사람을 찾아보고 그 사람의 습관을 따라 배워 보면 어떨까?

- 효율적인 공부와 효과적인 공부의 가장 큰 차이점은 무엇인지 생각해 보자.

- 하루 일과를 정리하면서 효율적으로 보낸 시간과 효과적으로 보낸 시간을 계산해 보자.

# 목표에서 눈을 떼지 말자

구기 종목을 잘하기 위한 첫 번째 원칙은
'공에서 눈을 떼지 않는 것'이다.
장애물이 눈에 띄는 것은
목표에서 눈을 뗐기 때문이다.

생각하고, 생각하고, 또 생각하다 보면
방법을 찾게 된다.
실천하고, 실천하고, 또 실천하다 보면
반드시 이루게 된다.

**목표에서 눈을 떼지 말자!**

## 그러면 활을 쏘아라

어떤 명궁이 두 제자와 함께 숲에 갔다.
두 제자는 멀리 있는 과녁을 향해 활을 쏠 준비를 했다.
명궁은 그들에게 질문했다.
"네 눈에 지금 무엇이 보이느냐?"
첫 번째 궁수가 대답했다.
"위로는 하늘과 구름이,
밑으로는 들판과 풀밭이 보입니다.
숲에는 참나무, 밤나무, 소나무도 보입니다."

명궁은 단호하게 명령했다.

"활을 내려놓거라. 너는 오늘 쏠 준비가 안 되었구나."

명궁은 두 번째 궁수에게 물었다.

"너는 무엇이 보이느냐?"

"과녁 중앙에 있는 점 외에는 아무것도 보이지 않습니다."

"그러면 활을 쏘아라."

화살은 과녁의 정중앙에 바로 꽂혔다.

내가 눈을 떼지 말아야 할,
내 삶의 가장 중요한 목표는 무엇인가?

## 10대를 위한 목표 수업 ❽

　축구에서 골프까지 모든 구기 종목에는 한 가지 대원칙이 있어. '공에서 눈을 떼지 말라'는 것이야. 경기가 끝날 때까지 공이 가는 방향을 늘 주시하고 있어야 한다는 뜻이지. 이처럼 원하는 것이 있다면 그것에 대한 생각의 끈을 놓지 말아야 해.

헝가리의 축구 영웅인 푸슈카시 페렌츠는 축구 잘하는 비결을 묻는 기자에게 "나는 많은 시간 축구를 한다. 공을 찰 수 없을 때는 축구에 대해 이야기한다. 축구에 대해 이야기할 수 없을 때는 축구에 대해 생각한다"라고 대답했어. 이처럼 목표에 대한 생각의 끈을 놓지 않으면 우리의 뇌는 목표를 달성할 수 있는 온갖 방법을 찾아내지.

## 생각의 끈을 놓지 말자

사람들은 뉴턴이 우연히 사과가 떨어지는 것을 보고 만유인력의 법칙을 발견했다고 말하는데, 사실은 그렇지 않아. 누군가 뉴턴에게 어떻게 만유인력을 발견했냐고 물었을 때 그는 "내내 그 생각만 했으니까요"라고 짤막하게 대답했어. 아인슈타인 역시 "나는 몇 달이고 몇 년이고 생각하고 또 생각한다"라고 비슷한 말을 했어.

많은 학생들이 재미가 없어서 공부에 집중하지 못한다

고 말하곤 해. 하지만 집중하지 않아서 공부를 좋아하지 않는 건 아닐까? 공부를 하려고 책상 앞에 앉아 있으면서도 집중해서 하지 않으니까 성과를 내기 힘들겠지. 실제로 처음부터 공부가 좋아서 열심히 했다는 학생은 생각보다 많지 않아. 공부를 잘하고 열심히 하는 학생들 대부분은 수업을 열심히 듣다 보니 공부가 좋아졌고, 그래서 공부를 잘할 수 있게 됐다고 말하거든.

부자가 되려면 어떻게 해야 할까? 돈 버는 방법에 대한 생각의 끈을 놓지 않아야 해. 심리학자 리처드 칼슨은 돈 버는 방법에 대해 생각하는 시간이 많은 사람일수록 높은 소득을 올린다는 사실을 상담을 통해 확인했어.

몇 년 전에 우리나라에서도 어느 교수님이 '부자와 보통 사람은 어떻게 다른가'에 관해 연구했어. 그 결과 큰 부자들은 하루 24시간 중 17시간 정도를 부자의 관점에서 돈과 관련된 생각을 하면서 생활하는 것으로 밝혀졌어. 하지만 보통 사람들은 1시간 정도만 그렇게 한다고 해.

## 하루 1%라도 목표와
## 관련된 일을 하자

매일 시간을 정해서 하고 있는 공부를 더 잘할 수 있는 방법이나 아이디어를 찾아보자. 메모지와 펜을 준비하거나 컴퓨터 자판을 앞에 두고 생각해 보는 것도 좋은 방법이야. 학교에서 공부하느라, 숙제하느라, 학원에 다니느라 바빠도 하루 24시간의 1%인 15분만이라도 내 꿈을 위해 투자하는 거야. 이 시간만큼은 절대 다른 사람에게 뺏기면 안 돼. 날마다 목표와 관련된 책 한 페이지라도 읽고, 새겨야 할 문구 한 줄이라도 메모하고, 작은 일 한 가지라도 실천해 보는 거지. 이렇게 목표와 관련된 생각의 끈을 놓지 않도록 도와주는 세 가지 방법이 있으니 활용해 보자.

**하나, 언어나 상징물을 이용해 목표를 잊지 않는다.**
게임을 끊기 위해 부모님과 약속한 서약서를 출력해서 컴퓨터 책상 앞에 붙이거나, 영어 공부하는 것을 잊지 않기 위해서 자신에게 예약 문자를 보내는 거야. 휴대전화나 컴퓨터 바탕화면에 매일매일 할 일의 목록을 적어두는 방법도 있어.

**둘, 항상 목표를 떠올릴 만한 상황을 만들어 둔다.**

즉 목표와 관련된 기사를 스크랩하거나 입학하고 싶은 대학 정문에 가서 사진을 찍고 책상 앞에 붙여 놓는 거야. 체중을 줄이고 싶다면 돼지 그림을 냉장고에 붙여 놓고 먹을 것을 찾을 때마다 "이 돼지야! 또 먹으려고!"라고 자신에게 핀잔을 줘 봐.

**셋, 다양한 사람을 만나 장점을 배우려고 노력한다.**

공부를 잘하고 싶으면 공부를 잘하는 친구와 가까이 지내면서 어떻게 공부하는지 배우는 거야. 체중을 줄이고 싶을 때는 날씬한 사람과 함께 다니면서 그들의 식습관이나 운동습관을 배울 수 있겠지. 실제로 하버드 대학교 의과대학 연구팀에 따르면 친구가 뚱뚱하면 같이 뚱뚱해질 확률이 그렇지 않은 경우보다 무려 57%나 더 높다고 해.

프랑스의 소설가 앙드레 말로는 "오랫동안 꿈을 그리는 사람은 마침내 그 꿈을 닮아 간다"라고 말했어. 이루고 싶은 꿈에 대한 생각의 끈을 놓지 않고 하나하나 실천하다 보면 꿈이 주인을 이끌기 때문에 결국 꿈을 이루게 된다는 말이야.

그렇지만 "목표에서 눈을 떼지 말라!"는 말은 목표만을 생각하고 다른 일은 하지 않아도 된다는 뜻은 아니야. 영화를 보고, 운동을 하고, 책을 보고, TV를 보더라도 그 행동을 목표와 계속 연결하려고 노력하라는 뜻이지. 목표에 대해 생각하고 또 생각하면 방법을 찾게 되고, 실천하고 또 실천하다 보면 목표를 달성할 수 있게 된다는 사실, 잊지 말자!

## 생각하기

● 내가 반드시 달성하고 싶은 목표는 무엇인가? 목표가 있다면, 그 목표와 관련된 일을 매일 한 가지라도 하고 있는지 점검해 보자.

## 실천하기

- 컴퓨터와 휴대전화 바탕화면을 내 인생 목표와 관련된 주제로 바꿔 보자. 백지에 손으로 직접 쓴 목표를 책상 위에 잘 보이도록 붙여 보자.

# 미래로 가서
# 현재를 선택하자

성공과 행복의 열쇠가 무엇인지
찾아내기 위한 연구를 50여 년이나 했던
하버드 대학교의
에드워드 밴필드 박사는

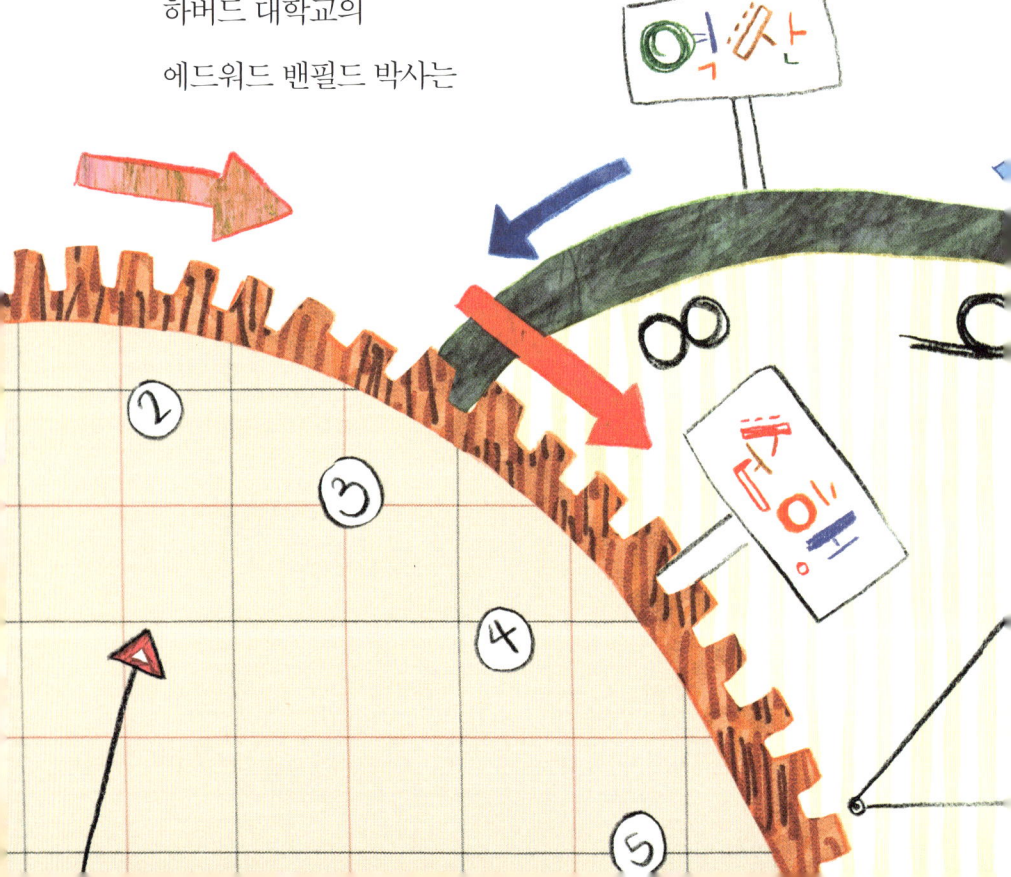

자신의 연구 결과를 다음과 같이 정리했다.

"우리 사회에서 가장 성공한 사람은
10년, 20년 후의 미래를 생각하는
장기적인 전망을
갖고 있는 사람들이었다."

## 역산의 결과

하버드 대학교 2학년생이던 빌 게이츠는
10년 후면 모든 가정에 PC가 보급될 것이라고 예상했다.
그리고 10년 후부터 거꾸로 계산(역산)해 본 결과
대학을 졸업하고 창업을 하면
너무 늦겠다고 판단했다.
그는 과감하게 학교를 자퇴하고
마이크로소프트를 설립했다.
이때 그의 나이 열아홉 살이었다.

대부분의 사람들은

빌 게이츠의 행동을 이해하지 못했다.

그러나 빌 게이츠는 10년 후

《포브스》에서 선정한 억만장자 대열에 올랐다.

## 10대를 위한 목표 수업 ❾

**혹시** 앞으로 5년 후, 10년 후를 생각해 본 적 있니? 어느 곳에서 무엇을 하고 있을지 상상해 본 적은? 지금 열두 살이면 5년 후에는 열일곱 살이 될 테고, 10년 후면 스물두 살이 되겠지? 열일곱 살에는 고등학생일 거고, 스물두 살이면 대학교에 다니거나 직장에 다닐 수도 있겠지? 그리고 그 후에는 어떻게 살고 있을까?

구체적으로 자신의 미래를 상상해 본 사람은 오늘 무엇을 해야 할지 고민한 다음 행동으로 옮기는 장점이 있어. 막연하게 '열심히 공부하는데 왜 성적이 안 오를까', '열심히 장사하는데 왜 장사가 안 될까' 하고 걱정하는 사람들과는 생각과 행동이 많이 다르다고 할 수 있지. 미래를 구체적으로 생각해 보고 행동하는 사람은 종종 하던 일을 멈추고 자신의 미래로 미리 가보곤 해. 그리고 미래의 시점에서 거꾸로 계산(역산)해서 지금 어떻게 행동해야 할지 결정하지.

## 미래로부터 역산해서
## 현재를 선택하자

계획을 세워 일하는 순서를 정하는 것을 '**스케줄링**'이라고 해. 스케줄링에는 두 가지 방법이 있어. 먼저, 현재를 기준으로 시간 순서대로 계산해 목표 달성 시기를 예측하는 '**순행 스케줄링**'이 있어. 그리고 최종 목표 달성 시기,

즉 미래를 기준으로 거꾸로 계산해서 지금 당장 해야 할 일을 선택하는 '역산 스케줄링'이 있지.

시험 일정이 나오면 대부분의 학생들은 현재를 기준으로 언제까지 어느 과목의 시험 공부를 먼저 끝낼지 계획을 세워. 이런 방법으로 계획을 짜고 순서를 정하는 방법이 순행 스케줄링이야. 하지만 극소수의 학생들은 목표를 정한 다음에 시험 날짜를 기준으로 거꾸로 계산해서 지금 해야 할 일을 찾아. 이렇게 계획을 세우고 순서를 정해 공부하는 방법이 역산 스케줄링이야.

순행 스케줄링 습관을 갖고 있는 학생은 하루를 이렇게 보내.

막 숙제를 하려고 하는데 친구에게 PC방 가자는 메시지가 왔다. 1시간만 하고 오려고 했는데, 10시가 다 되어 왔다. 엄마에게 혼나고 늦은 저녁을 먹었다. 밥 먹고 숙제하려고 책상 앞에 앉으니 졸음이 몰려 왔다. 아침에 일찍 일어나서 하겠다고 미루고 그냥 잤

다. 늦잠을 자서 학교에 지각했다. 숙제는 당연히 못했다. 결국 선생님께 꾸중을 들었다.

반면에 역산 스케줄링 습관을 갖고 있는 학생은 하루를 이렇게 보내지.

내일 꼭 제출해야 하는 숙제가 있다. 아침 9시까지 제출해야 하는 숙제니까 학교에 8시 반까지 가야 한다. 8시 반까지 가려면 집에서 7시 반에는 나와야 여유가 있다. 7시 반에 나오려면 7시 전에 아침을 먹어야 하고, 그러려면 6시 반에는 일어나서 씻어야 한다. 그러려면 10시에는 자야 늦잠을 자지 않는다. 그래서 친구가 PC방에 가자고 하는 메시지에 주말에 가자고 답장했다.

학교에 자주 지각하니? 자질구레한 일을 하느라 정작 중요한 일을 항상 뒷전으로 미뤄 놓거나, 이런저런 유혹에 쉽게 빠지니? 친구나 부모님과 한 약속을 자주 어기는 편이니? 그렇다면 순행 스케줄링 습관이 몸에 배어 있을 가능성이 높은 거야.

현재의 시점에서 바라보면 모든 일이 중요하게 느껴질 거야. 또 중요한 일보다 긴급한 일을 선택할 가능성이 높아. 하지만 목표 달성을 기준으로 현재 상황을 역방향으로 바라보면 지금 '해야 할 일'과 '하지 말아야 할 일'을 쉽게 판단할 수 있어서 순간의 유혹에 휘둘리지 않게 돼. 그러니 당연히 스트레스도 줄어들 수밖에 없지.

## 미래를 상상하자

현재의 행동을 바꾸는 가장 효과적인 방법 가운데 하나는 미래를 미리 상상해 보는 거야. 노스웨스턴 대학교 켈로그 경영대학원 연구팀은 자신의 늙은 모습을 생생하게 상상하는 것만으로도 노후 대비를 위한 저축 의지가 높아진다는 것을 실험으로 증명했어.

연구팀은 대학생 250명을 거울이 설치된 실험실로 안내했어. 한 집단에게는 거울 속에 비친 자신의 현재 모습을 보게 했어. 그리고 다른 집단에게는 거울 속에서 검버섯이 피고 머리숱이 확 줄어든 백발의 노인으로 변한 자신의 모습을 보게 했지.

첫 번째 집단은 단지 거울이 설치된 실험실에 들어갔을 뿐이지만, 두 번째 집단의 경우는 달랐어. 실험실 안에 설치된 여덟 개의 카메라로 참여자를 촬영하고, 가상현실 소프트웨어를 이용해 60대 후반의 노인으로 변한 자신의 얼굴을 거울로 관찰할 수 있도록 했지. 약 3분 후 실험실에서 나온 참여자들에게 "은퇴를 대비해서 저축을 얼마나 하겠습니까?" 하고 물었어. 조사 결과 자신의 늙은 모습을 본 참여자들은 그렇지 않은 참여자들에 비해 저축 계획의 규모가 무려 200%나 더 높았다고 해.

미래를 대비하는 것이 중요하다는 것은 모두 다 알 거야. 하지만 그 생각을 실제로 행동에 옮기기는 생각보다 쉽지 않아. 초라한 노후는 나와 상관없는 일처럼 느껴지고, 먼 훗날을 위해 공부하는 것은 지금 이 순간 즐길 수 있는 게임을 그만큼 줄여야 하기 때문에 고통스러울 뿐이지. 하지만 늙어서 힘없고 돈도 없는 자신의 모습을 눈으로 직접 본 사람들은 당장 하고 싶은 것을 참으면서 미래를 위해 더 많은 투자를 하게 돼. 자기와는 상관없을 것 같은 초라한 노년의 모습을 미리 경험했기 때문이야.

종종 하던 일을 멈추고 생각할 시간을 가져 보자. 타임머신을 타고 목표가 달성된 미래로 미리 가 보는 것도 좋아. 목표 달성 시점에서 현재에 이르기까지 선을 그어 보고, 목표 달성까지 거쳐야 하는 과정을 거꾸로 계산해서 추적해 보는 거야. 그렇게 하면 옆길로 새지 않고 목표 달성에 이르는 지름길을 찾아내기도 더 쉬워져. 꼭 한번 그려 보자!

 생각하고 실천하기

● 순행 스케줄링과 역산 스케줄링의 차이점에 대해서 생각해 보자. 내 목표를 이루기 위해서는 어느 방법이 더 효과적인지 고민해 보자.

..................................................................................................

..................................................................................................

..................................................................................................

..................................................................................................

● 역산 스케줄링을 해 보자.

|  | 지금 할 일 ⇐ 원하는 미래 |
|---|---|
| 공부 | ⇐ |
| 건강 | ⇐ |

# 인생 지도를
# 그리자

"어느 쪽으로 가야 할지 가르쳐 주실래요?"
앨리스가 물었다.
"그건 네가
어디를 가고 싶으냐에
따라 다르지."
고양이가 대답했다.

"어디든 상관없는데……."
앨리스가 말했다.
"그렇다면 어느 쪽으로 갈지도
중요하지 않겠네."
고양이가 대답했다.

_ 루이스 캐럴의
《이상한 나라의 앨리스》 중에서

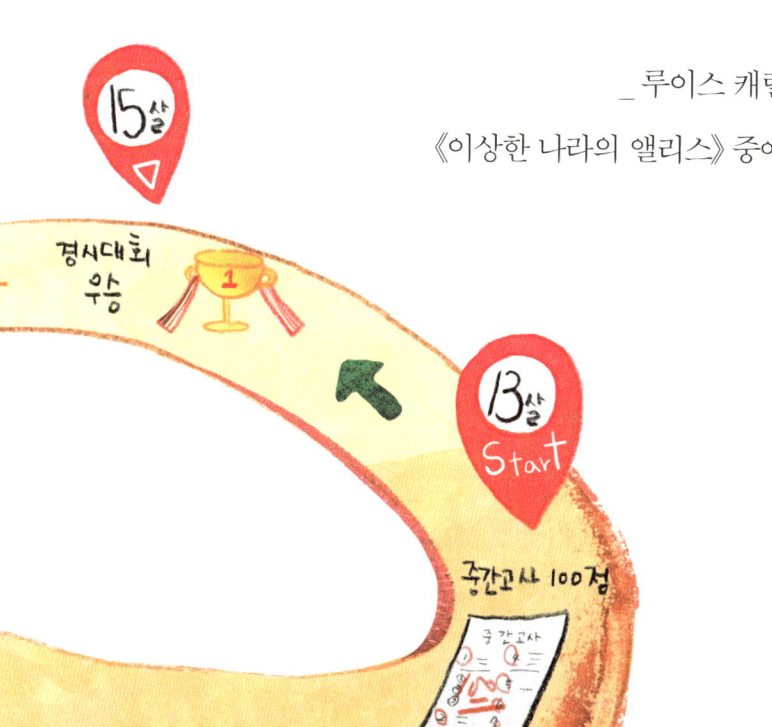

# 상상 밖의 결과

심리학자 리엔 팜은 대학생들을 대상으로
다음과 같은 실험을 했다.
일부 학생들에게
"시험에서 높은 점수를 받는 장면을 매일 상상하라!"고
요청했다.
실험 결과, 예상과 달리
높은 점수를 받는 것을 매일 상상했던 학생들이
그렇지 않은 학생들보다 오히려 공부 시간도 적고

성적도 낮은 것으로 나타났다.
'간절히 원하고 상상만 해도
꿈이 이루어진다'는 식의
긍정적 자기최면은
실제로는 생각보다 효과가 없으며
오히려 목표를 달성하는 데
장애가 될 수 있음을 보여준 실험이다.

## 10대를 위한 목표 수업 ⑩

"매일매일 열심히 사는 데도 생각처럼 모든 게 잘되지 않아."
"가끔씩 힘이 빠지기도 하고 자책하게 돼."
"나는 왜 이 모양 이 꼴일까?"
"열심히 공부하고, 열심히 생활한 것 같은데 왠지 만족스럽지 않아."

평소에 이런 생각을 자주 하는 사람들에게는 한 가지 공통점이 있어. '어떻게든 되겠지' 하며 '그냥' 뭐든 열심히만 한다는 거야. 다시 말해 뚜렷한 목표가 없고, 목표를 이루기 위한 실천 과정에 대해 별다른 고민을 하지 않는다는 거지.

## 나는 어디를 향해 가고 있을까

내비게이션이 없던 시절, 나는 운전을 하다 길을 잃게 되면 무조건 길가에 차를 멈추고 지도를 펼쳤어. 그리고 머릿속으로 찾아갈 길을 그리면서 다시 목적지로 출발하곤 했지. 요새는 내비게이션이 있어서 가는 길뿐 아니라 실시간으로 가장 빨리 도착할 수 있는 지름길까지 알려 주니 얼마나 편리한지 몰라. 심지어 실수로 길을 잘못 들어섰더라도 걱정할 필요가 없어. 내비게이션이 스스로 알아서 다시 길을 찾아 주니까.

자동차에 내비게이션이 있는 것처럼 우리 인생에도 내비게이션이 있어서 길 안내를 해 준다면 어떨까? 내가 가야 하는 길을 늘 알려 주고, 길을 잘못 들어섰을 때 즉시 경보음을 울려 준다면? 상상만으로도 정말 편안하고 행복한 기분이 들지?

자동차의 내비게이션처럼 우리 인생에도 목표를 설정하고, 그 목표를 이루기 위한 길을 찾는 방법이 있어. 바로 인생 목표와 목표를 달성하는 과정이 포함된 인생 지도를 그리는 거야.

사람들이 자기 삶에 만족하지 못하는 이유는 재능이 없거나 열심히 살지 않아서가 아니야. 그보다는 '살다 보면 어떻게 되겠지' 하면서 목표 없이 그냥 되는 대로 열심히만 살았기 때문인 경우가 훨씬 더 많아. 자신의 삶을 돌아보면서 '이게 아니다' 싶으면, 무엇보다 먼저 자신이 가고자 하는 목적지를 다시 한 번 점검해야 해. 정처 없이 가다 보면 엉뚱한 곳에 도착할 수 있으니까.

## 인생 지도를 그리는 방법

인생 지도를 그리기 전에 먼저 해야 할 일이 있어. 바로 원하는 것(목표)을 정하는 일이야. 목표를 정해야 현재 위치에서 목표까지 걸리는 시간이 포함된 선을 그릴 수 있거든. 선을 그리다 보면 지름길도 찾아낼 수 있고, 목표 달성 과정에서 겪게 되는 시행착오도 줄일 수 있어.

자, 그럼 이제 본격적으로 인생 지도를 그려 보자. 인생 지도는 여행 갈 때 지도를 챙겨 가는 것처럼 인생을 살아갈 때 참고해야 할 지도라고 생각하면 돼. 인생 지도를 그리는 것은 방황하지 않는 삶을 살아갈 수 있는 가장 효과적인 방법이야. 그럼 인생 지도를 그리는 과정을 자세히 살펴볼까?

첫째, 이루고 싶은 꿈(인생 목표)과 나이를 적고, 이미 꿈을 이룬 사람을 찾아본다.

둘째, 그 꿈을 이루기 위해 거쳐야 하는 징검다리(중간) 목표들을 나이와 함께 적는다.

셋째, 목표를 달성하기 위한 실천 계획을 세우고, 당장 할 수 있는 작은 일 한 가지를 실천한다.

물론 인생 목표를 세우는 건 쉬운 일이 아니야. 먼 미래를 위해 장기적인 목표를 세우는 일이니까. 목표를 정했다고 해도 달성 과정에서 많은 시간과 에너지를 투자해야 해. 고통도 감수해야 하지. 목표를 달성하지 못할까 봐 겁이 나기도 할 거야.

하지만 엉뚱한 곳으로 가고 싶지 않다면 목적지를 먼저 확실하게 정하고 길을 떠나야 해. 어디로 가야 할지 모른다면 결국 가고 싶지 않은 곳으로 가게 될 수도 있어. 목표가 정해지면 모든 것이 달라져. 우선 만나는 사람이 달라지고, 새로운 사람을 만나다 보면 생각도 많이 달라져. 자주 가는 곳도 달라지고, 방문하는 웹사이트, 즐겨 보는 방송, 읽는 책도 달라지지. 목표는 사람이 만들지만, 일단 목표가 확고해지면 거꾸로 목표가 사람을 이끌어 주거든.

## 나보다 먼저 꿈을 이룬 사람

　세계 최고의 부자 빌 게이츠는 성공 비결을 이렇게 말했어. "다른 사람의 좋은 습관을 내 것으로 만든다"라고. 세계에서 두 번째 부자인 워런 버핏 역시 부자가 되는 비결에 대해 "부자가 되는 비결 중 하나는 다른 사람의 좋은 습관을 내 것으로 만드는 것"이라고 빌 게이츠와 비슷한 말을 했지.

　나보다 먼저 꿈을 이룬 사람의 인생 지도를 그려 보자. 그 사람이 내 나이에 무엇을 했고 스무 살, 서른 살에는 무엇을 했는지 그려 보자. 이렇게 앞선 사람의 인생 지도를 따라 그리다 보면 그 사람의 좋은 습관을 내 것으로 만들 수 있는 좋은 방법을 찾게 되거든.

　인생 지도를 그리는 게 막연하고 어렵게 느껴지면 부모님이나 선생님의 도움을 받아도 좋아. 내가 잘 알고 있는 분들의 인생 지도를 참고하면 인생 지도를 그리는 게 어렵지만은 않을 거야. 인생 지도를 그릴 때는 한 번에 완벽하게 그리려고 애쓸 필요는 없어. 생각이 바뀌면 얼마든지 다시 고쳐 그린다고 생각하면 돼. 처음에는 가벼운 마음으로, 큰 그림을 먼저 그려 보는 거야. 이 책에 나와 있는 그림을 참고해서 자기 취향과 처지에 맞게 그리면 돼. 자기만의 방식으로 그려도 상관없어.

인생 지도를 벽에 붙여 두고 매일 아침 그날 해야 할 일을 떠올리면서 하루를 시작해 보자. 저녁에는 그 일을 제대로 했는지 질문하면서 하루를 마무리하고. 그러다 보면 어느 날 문득 놀랄 만한 일을 해낸 자신을 발견하게 될 거야. 어때? 멋진 일이지?

〈내 인생 지도를 그려 보자〉

〈내 인생 지도를 그려 보자〉

ⓒ 김영훈

### 생각하고 실천하기

● 10년 후에 반드시 이루고 싶은 나의 꿈, 인생 목표는 무엇이며, 그것을 이루기 위해 거쳐야 하는 징검다리 목표들은 무엇인가?

───────────────────────────────
───────────────────────────────
───────────────────────────────

● 내 인생 지도를 그려 보자. 정성스럽게 그려서 책상 위에 붙여 놓자.

───────────────────────────────
───────────────────────────────
───────────────────────────────
───────────────────────────────

**부모님과 함께 읽는 삶의 지혜!
멋진 신사숙녀로 성장하도록 도움 주는 책!**

## 사람은 자기를 좋아하는 사람을 좋아한다!

함께 있으면 즐거운 사람이 되자
행복한 인간관계는 일찍 배울수록 좋다

10대를 위한 심리학자의 인성교육 ❶
### 사람이 좋아지는 관계

가족, 선생님, 친구, 이웃과
친밀하게 지낼 수 있는 지혜!

**심리학자에게 배우는 관계의 힘!**

이민규 지음 | 228쪽 | 12,000원

## 행복한 사람은 긍정적이다!

긍정적인 사람은 자존감이 높다
생각을 바꾸면 세상이 달라진다

10대를 위한 심리학자의 인성교육 ❷
### 생각이 달라지는 긍정

긍정적으로 생각하고 행동하는
자존감 넘치는 나!

**심리학자에게 배우는 긍정의 힘!**

이민규 지음 | 172쪽 | 10,000원

### 나쁜 습관을 좋은 습관으로 바꾸는 습관!

시간과 공부의 주인으로 사는 인생
열심히 공부하는 사람보다 공부를 좋아하는 사람

10대를 위한 심리학자의 인성교육 ❹
### 인생을 바꾸는 습관

다른 사람의 좋은 습관을
내 습관으로 만들자!

**심리학자에게 배우는 습관의 힘!**

이민규 지음 | 204쪽 | 12,000원

### 크게 이루려면 작게 시작하자!

머뭇거리지 말고 당장 실천하자
포기하지 말고 끝까지 도전하자

10대를 위한 심리학자의 인성교육 ❺
### 결심을 지키는 실천

한 번 결심하면
반드시 실천할 수 있는 비결!

**심리학자에게 배우는 실천의 힘!**

이민규 지음 | 144쪽 | 10,000원

# "오늘, 표현하기 가장 좋은 날!"

관계와 소통의 심리학

# 표현해야 사랑이다

이민규 지음 | 272쪽 | 값 14,800원